Karolina

Karolina

ett stycke svensk kvinnohistoria
av
Karin Selldin

Förlag och tryck: BoD
ISBN: 978-91-7463-485-3

Prolog

Karolina var en speciell kvinna. Det har jag förstått utan att någonsin ha träffat henne. Min svärmor Alice berättade en del om sin mor; främst om hennes politiska engagemang. Min svärfar Oscar berättade om sitt första möte Karolina. En kort tid innan Alice dog satt jag vid ett tillfälle tillsammans med henne och väntade på röntgenavdelningen på universitetssjukhuset i Linköping. Plötsligt sa Alice: "Vad ska mamma säga?" Hon oroade sig för att få kritik från sin mamma för att hon inte uppförde sig ordentligt, där hon låg sjuk och eländig på en bår. Vem var den kvinnan som hade satt så djupa spår hos sin dotter? Så djupa att Alice fortfarande var mån om att vara till lags och göra ett snyggt intryck, trots att det hade gått nästan sextio år sedan hennes mor dog. Tyvärr fick jag aldrig tillfälle till några samtal med Alice om detta.

Jag fick leta information på annat håll för att skapa mig en egen bild av Karolina. Det fanns ett litet skrin i grå bleckplåt sparat efter henne. Skrinet hölls samman med ett snöre. I skrinet låg några små minnessaker, brev, betyg, tidningsklipp och ett litet uppbrutet hänglås. Vem som brutit upp hänglåset vet jag inte. Det kan ha varit Karolina som hade tappat bort nyckeln. Men det kan ha också ha varit maken Karl eller dottern Alice som hade öppnat skrinet efter Karolinas död. Alice har knutit om ett snöre och satt dit en handskriven lapp.

För den som är intresserad av gammalt finns här en del att se.
Skrinet har min morfar gjort, men tyvärr har det farit illa.

En hel del papper och två vykortsalbum finns fortfarande kvar efter Karolina. De innehåller nästan tvåhundra vykort och fotografier. Det finns också mycket att hämta i arkiven. Jag letade i kyrkoarkiven för de församlingar där hon bodde under sitt liv. När Karolina

5

föddes 1870 ville hennes biologiska föräldrar inte kännas vid henne. I födelseboken är därför varken fadern eller modern namngivna utan båda står som okända. Hon växte upp i ett fosterhem och ett par av hennes fostersyskon var barnhusbarn. I Allmänna Barnhusets arkiv kunde jag därför hitta mer information om fosterhemmet. I kyrkböckerna kunde jag också följa fostersyskonens vidare öden.

Som piga bodde Karolina i jungfrukammaren hos sin arbetsgivare. I husförhörslängderna kan man se vilka som hörde till hushållet. Där står vilka personer som ingick i familjen som hon arbetade hos och hur många anställda det fanns förutom Karolina. Namnen på hennes arbetskamrater gick sedan att känna igen på flera av vykorten.

Gunilla Gunnahr som är apotekare och mormor till två av Karolinas barnbarns barnbarn hjälpte mig att tyda några recept som Karolina hade sparat i sitt skrin.

Karolina var medlem i Nynäshamns Socialdemokratiska Kvinno-klubb under mellankrigstiden. Emma Palmér på Folkrörelsearkivet i Nynäshamn hjälpte mig att plocka fram klubbens protokoll och bilder. Protokollen från 1921 och framåt finns sparade. För min del var det tiden fram till Karolinas död 1937 som var intressant. Det var mer än sexhundra handskrivna sidor spännande läsning. Jag fick en ny inblick i Sveriges historia. Vid sina månadsmöten diskuterade kvinnorna aktuella händelser, och jag som inte visste vad det handlade om fick googla på Internet för att förstå sammanhangen. De diskuterade lagförslag avseende sociala reformer. De hjälpte namngivna familjer i Nynäshamn. I kyrkböckerna kunde jag läsa om dessa familjers öden; vart och ett värt en egen berättelse. Det fick bli en hård gallring i materialet för att lyfta fram de frågor som särskilt hade engagerat Karolina.

Prosten Axel Quists bok om Ösmo och det framväxande Nynäshamn ger bra information om bygden. Samtidigt som det är en fin historieskildring och lokalguide för trettiotalets Nynäshamn speglar boken även den tidens nationalistiska anda. Ösmoborna beskrivs av tradition ha varit av *nordisk typ, högväxt, långskallig med högt ansikte blont hår, ljusa ögon, ljus hy och rak näsa.* Efter inflyttning främst från Sorunda (grannsocknen) hade en viss uppblandning skett och trettiotalets Ösmobor beskrivs som *ljus blandtyp av den nordiska rasen med inslag både av östbaltisk och mörk blandtyp.*

Det blev många intressanta stickspår under arbetets gång. Mina vänner i skrivarcirkeln – Gerd Lagerbäck, Kerstin Tägtström och Kurt Ehlert – hjälpte till att hålla mig på rätt spår både innehållsmässigt och språkligt.

Stort tack till alla som hjälpt mig med berättelsen om Karolina. Det är berättelsen om en spännande kvinna men också ett stycke svensk kvinnohistoria. Den speglar utvecklingen för kvinnor i Sverige under den senare delen av artonhundratalet och början av nittonhundratalet.

Till

Karolinas barnbarns barnbarn

Fredrik, Love, Oskar, Klara och Einar

Karolina i början av 1870-talet.

Okända föräldrar

Det påstods att Karolina var av en fin familj. Det är svårt att få klarhet i hur det förhöll sig med det, eftersom de som visste är borta sedan länge.

Av notisen i Hedvig Eleonoras födelsebok framgår att en flicka med namnet Carolina Fredrika föddes den 31 augusti 1870. Flickan var oäkta, vilket innebar att hon var född utom äktenskapet. Båda föräldrarna var okända. Enligt kyrkboken var modern ogift och tjugosju år gammal, och hon bodde på Bergsgränd 5 på Kungsholmen i Stockholm.

Att det var möjligt att föda barn anonymt berodde på det så kallade Barnamordsplakatet. Ända fram till 1864 var det olagligt att föda utomäktenskapliga barn. Det var också en stor social skam. En ogift mor och hennes barn hade stora svårigheter både att bli accepterade och att kunna försörja sig. Det var därför inte ovanligt att hon tog livet av sitt nyfödda barn. För att förhindra barnamord fastställde Gustav III år 1778 den lag, som kom att kallas Barnamordsplakatet. Samtidigt som straffet för barnamord skärptes, innebar lagen också att en ogift kvinna kunde föda sitt barn anonymt och sedan lämna bort det. Barnamordsplakatet gällde ända fram till 1917.

Det var framför allt i Stockholm, som kvinnor valde att föda barn anonymt. Många av dessa barn föddes på Allmänna Barnbördshuset. Barn till okända föräldrar föddes även på privata adresser. I de fallen rörde det sig främst om bättre bemedlade familjer som lät sin dotter bo inackorderad där några månader. På så vis kunde man dölja graviditeten för omgivningen. För ett sådant arrangemang krävdes antingen att moderns familj hade pengar, eller att den blivande barnafadern betalade för att slippa gifta sig med kvinnan. Han kanske redan var gift.

Enligt Hedvig Eleonoras husförhörslängd fanns det ingen ogift kvinna som var tjugosju år gammal och bodde på Bergsgränd 5 vid den aktuella tidpunkten. Det var förmodligen en kvinna av fin – det vill säga någorlunda förmögen – familj som bodde tillfälligt i huset och födde sitt barn. Hon kunde sedan lämna bort dottern och resa hem igen utan att hennes anseende var skadat.

Karolina hade turen att få komma till en verkligt fin familj. En familj där hon blev både älskad och väl omhändertagen.

Fosterhemmet

Karolina placerades hos makarna Carl Johan och Maria Lovisa Wallin. De bodde på Marieberg på Kungsholmen i Stockholm. Carl Johan Wallin var överfyrverkare vid Svea artilleriregemente, där han tillverkade fyrverk det vill säga ammunition till regementets vapen.

Karolina blev upptagen som deras eget barn, vilket med nutida begrepp innebär att hon blev adopterad. Hon fick heta Wallin. Hennes adoptivföräldrar fick säkert ett väl tilltaget underhåll från den biologiska familjen för att ta hand om henne.

Redan under det tidiga 1870-talet fick Karolina gå till fotografen. På den första gulnade bilden står en liten flicka i treårsåldern och stöder sin högra hand på sitsen till en rikt utsirad rokokostol. Hon har finklänningen på sig. Den har en rund volangkrage och rynkat liv. Midjan är markerad med en linning och kjolen når nedanför knäna, där under skymtar mameluckerna. Bilden är bleknad, men det ser ut som om hon har ett par mörka kängor på fötterna. I den vänstra handen håller hon en ljus hatt med brätte. Håret är slätt bakåt-kammat och lilla Karolina tittar allvarligt rakt mot fotografen. Med fotografier kunde man visa för den biologiska familjen att Karolina hade det bra.

Familjen Wallin bodde på Kungsholmen fram till år 1875. Därefter bodde de under några år i Frösunda och Kårsta i Uppland. När Karolina var elva år gammal – år 1881 – flyttade familjen till Orkesta. Avståndet mellan de tre orterna är mindre än en mil. I Orkesta bodde familjen på det lilla torpet Eriksberg.

Karolina slutade folkskolan i Orkesta i juni 1883. Hon fick högsta betyg – berömlig – i innanläsning. Folkskollärare Sjögren gav henne också höga betyg i Biblisk historia och räkning. Hon konfirmerades

15

sommaren 1885. I husförhörslängden skrev prästen: "Läser: med beröm godkänd."

Efter konfirmationen betraktades man som vuxen och skulle försörja sig själv. De flesta ungdomar på landet flyttade hemifrån och började arbeta som pigor och drängar. Men Karolina fick bo kvar hemma hos fosterföräldrarna på Eriksberg. Det ekonomiska bidraget från den biologiska familjen gjorde det möjligt för henne att stanna som hemmadotter på torpet.

Förutom att hjälpa till med arbetet i hushållet fick hon även tid att läsa, skriva och handarbeta.

Hon övade välskrivning genom att skriva av andras texter i skrivböcker. Fyra sådana böcker finns fortfarande kvar. Den äldsta är en liten, mycket nött svart bok daterad 1887. Den inleds med sången *O store Gud*. Ett tunt blått häfte som hon hade köpt i Jarl Falks Bokhandel i Stockholm börjar med en skrivövning på J-ljudet. Häftet innehåller en hyllningstext med anledning av vigseln mellan Oskar Bernadotte och Ebba Munck år 1888 och flera dikter till andra kungligheter. Karolina valde ut de finaste texter hon hittade och skrev med blått bläck. Boken avslutades den *19 Februari kl. ½9. 1890*. Även sedan hon hade flyttat till Stockholm hösten 1890 fortsatte hon att skriva på sin lediga tid. Nästa bok hade hårda bruna pärmar och Karolina skrev *Poemer* på omslaget. Den inleddes med en fosterländsk dikt och fortsatte med naturromantiska och sedelärande dikter. Hon hade bytt till svart bläck. I början var handstilen mycket välvårdad och sirlig, men i slutet av boken hade hon tröttnat och skrev fortare – och därmed också litet slarvigare – för att den skulle bli klar. Den avslutades den 25 mars 1895. Det sista häftet med svart omslag påbörjades den första juni 1896. Även det häftet innehåller moraliskt högstående dikter av olika författare prydligt nedskrivna med svart bläck. Det tjocka häftet blev bara

16

halvfärdigt. Vänder man på det och läser bakifrån hittar man ett utkast till verksamhetsberättelse för den socialdemokratiska kvinnoklubben 1919. Det utkastet är snabbt nedtecknat med en blyertspenna.

När Carl Johan Wallin hade slutat sin tjänst som överfyrverkare var makarnas ekonomi inte den bästa. De var befriade från skatt. Deras torp – Eriksberg – lydde under gården Söderby, och kanske fick Carl Johan Wallin göra dagsverken hos nämndemannen Johan Lund där. Ibland arbetade Maria Lovisa extra på en hushållsskola i Stockholm och tjänade en liten slant. När Karolina fyllde tjugo år upphörde underhållet från hennes biologiska familj. Makarna Wallin fick aldrig några egna barn, men det fanns alltid barn i deras lilla stuga. När Karolina hade flyttat hemifrån hade de ytterligare sex fosterbarn. Ersättningen som de fick för dem var ett välkommet tillskott till ekonomin. Barnen vistades hos dem under en kortare eller längre tid, och vart och ett av dem hade sitt eget öde.

Karl Oskar Johansson bodde hos Wallins åren 1888-1892. Han var född i Söderhamn i december 1876. Han var son till en snickare och hans hustru. Familjen flyttade runt och hemförhållandena verkar ha varit ganska trassliga. När modern dog var Karl Oskar elva år och han kom till Wallins från Stockholm våren 1888. Fadern dog 1890 och Karl Oskar stannade i fosterhemmet till mars 1892. Efter sin konfirmation räknades han som vuxen och våren 1892 – när han var femton år gammal – blev han dräng hos en torpare i grannsocknen Lunda och flyttade dit.

Signe Josefina Charlotta Selin var fosterhemsplacerad av Jakobs och Johannes fattigvårdsstyrelse. Det var fattigvårdsstyrelsen som betalade hennes uppehälle i fosterhemmet. Hon var född 1884 och sju år gammal när hon i juli 1891 kom från Stockholm till Orkesta. Hon stannade bara i åtta månader hos Wallins. Signes föräldrar var

17

trolovade när hon föddes, men de gifte sig aldrig. Hennes mor vistades under en period på en försörjningsanstalt i Stockholm.

Frida – Signe Helfrida Karlsson – föddes i oktober 1893 och kom till fosterhemmet i januari 1894. Fridas mamma var ogift piga och kunde inte själv försörja sin dotter. Genom att hon ammade ett annat barn samtidigt med sitt eget, kunde hon lämna in barnet avgiftsfritt på Allmänna Barnhuset i Stockholm. Frida skrevs in som barnhusbarn nummer 8318 och placerades direkt hos makarna Wallin. Barnhuset betalade ersättning till fosterföräldrarna så länge barnen bodde kvar där, eller till dess att de kunde få en tjänst som dräng eller piga och försörja sig själv. Frida stannade i fosterhemmet till hösten 1907, då fyllde hon fjorton år och började som piga på Slumsta; en av de största gårdarna i socknen. Hon bodde på gården, men på sina lediga kvällar gick hon hem till fostermamman. Det var fortfarande Eriksberg som var hemma för henne. Trots att Karolina redan hade lämnat föräldrahemmet när Frida kom dit, såg de sig som systrar och hade kontakt med varandra så länge Karolina levde.

Frans Gustav Gustavsson var barnhusbarn nummer 11185. Även hans mamma var ogift och ammade in honom på barnhuset. Han var knappt fem månader gammal, när han år 1896 kom till foster-hemmet. Han fick stanna tills han var tolv år. Frans växte upp i fosterhemmet tillsammans med Frida. Båda hade kommit dit som spädbarn och åldersskillnaden mellan dem var knappt två år. Frida ansåg att Frans hade det bättre i fosterhemmet än vad han skulle få det när han tvingades flytta till Stockholm. Hon blev mycket upprörd när hon kom hem på sin lediga kväll och upptäckte att han hade flyttat med så kort varsel att hon inte hade hunnit säga adjö till honom. Hon skrev till Karolina att hon inte förstod att deras mamma hade låtit Frans flytta. Nu var det väl inte så mycket foster-mamman kunde göra åt det. Hon hade blivit änka 1906 och var sjuk. Eftersom Frans var omhändertagen av Allmänna Barnhuset i

Stockholm var det där man bestämde var han skulle placeras. Frans vistades i fosterhemmet åren 1896-1908.

Karin Matilda Eriksson var född i december 1898 och kom till makarna Wallin som liten. Hon bodde kvar i fosterhemmet tills hon var tio år. I samband med fostermoderns sjukdom och död fick hon flytta till ett annat fosterhem i Orkesta. Där bodde hon i fyra år. År 1912 – när hon var fjorton år – flyttade hon till Karolina och hennes familj i Ösmo socken på Södertörn. Då var Karolina gift och hennes dotter Alice var ett år gammal. Två år senare flyttade Karin till Stockholm. Sexton år gammal var hon vuxen nog att ta hand om sig själv.

Till sin födelsedag i augusti 1906 fick Karolina ett brev från sina föräldrar där de skrev: "Vi har tagit en liten flicka som är så rar hon är 9 månader hennes moder är syster till fru Hedlund i Hästbärga systern är sömmerska och är i Stockholm hon skall gifta sig med en Machinist i Uppsala men han är för ung ännu." Anna Lisa Eriksson som den lilla flickan hette blev makarna Wallins sista fosterbarn, och hon stannade bara en kortare period. När Anna Lisa föddes var hennes far och mor bara nitton respektive tjugo år gamla. På den tiden var en man tvungen att gå till kungs för att få gifta sig om han var under tjugoett år. För en kvinna räckte det att föräldrarna gav sitt tillstånd. Anna Lisas föräldrar gifte sig 1908 och hon kunde flytta hem till dem i Uppsala. Hon växte upp i sin biologiska familj med fem yngre syskon; en syster och fyra bröder.

När Frida och Frans bodde hos Wallins, gjorde Allmänna Barnhuset regelbundna inspektioner i hemmet. Med barnens akter i sin portfölj kom inspektören till hemmet en gång om året. I akterna skrev han ned intrycken från besöket, och vi får veta att bostaden var snygg – det vill säga städad – men trång. Förutom de båda barnhusbarnen fanns det fler fosterbarn i familjen, och trångboddheten gjorde att miljön var ganska osund. Inspektören tyckte att fostermodern var pratsjuk och fosterfadern såg trasig och hafsig ut i sina slitna kläder. Från att som liten ha varit ganska blek och klen växte Frida upp till en *särdeles treflig och välartad tös* med fina vitsord från skolan. Frans var sjuklig och hade problem med stamning. Eftersom han var sjuk hösten 1903 kunde han inte börja skolan, utan både lärarinnan och prästen hade gett rådet att han skulle få stanna hemma. Året därpå gick han i skolan och fick fina vitsord från läraren, men han var fortfarande klen.

I inspektionsanteckningarna nämndes ytterligare ett fosterbarn (förutom de ovan) vid två av inspektionerna. Det var en pojke som bör ha varit född år 1889, men inga ytterligare uppgifter finns om honom vare sig i barnhusrullorna eller i kyrkböckerna.

Carl Johan hade gjort ett litet bleckskrin till Karolina. Det grå skrinet var rektangulärt och någon decimeter brett. Det var ganska lågt och hade ett välvt lock. Skrinet gick att låsa med ett litet hänglås. På brevet som hon fick från fadern i oktober 1906 skrev hon: "Pappas sista bref." Sedan lade hon det i skrinet tillsammans med sina andra minnessaker och låste hänglåset.

Eriksberg den 2/10 1906.

Älskade Dotter

Härmed låter vi dig veta att tunnan har kommit hit och vi har mottagit den, vi tacka dig där för, vi har plockat upp potatisen dät är inte mycke men dät är godt att hafva något hälsan är klen men vi har inte annat att vänta, barnen är friska och krya, vi hälsar dig så hjertligt. tecknar dina föräldrar C. J. o Marja L. Wallin

I september 1908 var Maria så dålig att hon inte kunde bo kvar hemma och ta hand om fosterbarnen. Hon klarade inte av att skriva brev, utan hon fick hjälp av Karolinas barndomskamrat Hilda.

Ericksberg den 6/9 08

Min lilla snella Karolina.

Nu skall jag tala om för dig att jag skall räsa ifrån min stuga nu du har väl hört utaf Fröken Hammarstet hur det är att jag skall till Lotta Sundberg det sjäns litet hårt skall du ha att skiljas från sitt medan man lefver jag tror att jag inte kan komma till bakar mera jag skulle vilja att du skulle komma hit ett litet tag och taga reda på dina tillhörigheter. Karin skall till Fru Petterson i Mörby. Helfrida är inte något bestämt vart hon skall taga vägen ennu. Alla har varit snälla mot mig samt om nätterna har di turats om, i natt har farmor gran varit här, monga hälsningar ifrån oss
Din moder genom Hilda

min adress är Kolberga som du vet

Jag skall skrifva till dig en gång ner jag får tid nu har jag mycket brott jag skall häm och ge mina grisar mat. Din gamla läskamrat Hilda

Carl Johan Wallin dog i november 1906 och Maria Lovisa två år senare i september 1908.

Karolina konfirmerades i Orkesta sommaren 1885.

Piga i Stockholm

När Karolina var tjugo år gammal upphörde det ekonomiska bidraget för henne. Precis som så många andra unga flickor från den uppländska landsbygden sökte hon då tjänst som piga i Stockholm. I oktober 1890 började hon hos familjen Stenius på Drottninggatan, där hon stannade i tre år.

Karolina tog med sig bleckskrinet som hennes pappa hade gjort till Stockholm. När hon bodde hemma hos sin arbetsgivare och delade rum med andra pigor, kändes det bra att ha ett låsbart skrin för privata brev och andra minnessaker. I skrinet låg också hennes betyg från folkskolan. Karolina fick många små minneskort från sina vänner; både de gamla i Orkesta och de nya i Stockholm. Kort med blomsterdekorationer, små verser och lyckönskningar främst till hennes namnsdagar; Karolinadagen i maj och Fredrikadagen i september. Hon sparade alla i sitt bleckskrin. Där lade hon även flera recept under sin tid i Stockholm. Oläsliga recept som det krävdes en apotekare för att tyda. Tio olika preparat hade ordinerats av läkare under en tioårsperiod mest järnpiller och olika slemlösande medel. Det var ingen allvarligare sjukdom som hon hade drabbats av. Kanske sparade hon recepten för att kunna få samma medicin igen om det behövdes.

I Stockholm blev Karolina medlem i Evangeliska Fosterlands-stiftelsen och där kom hon i kontakt med Missionsförbundet och Bibelkvinnorna. Enligt familjetraditionen lärde hon känna Lina Sandell-Berg, som var en av de tongivande inom föreningen. Det är oklart om bekantskapen var ömsesidig, men Karolina hade säkert sett och hört henne flera gånger. Det var många som kände sig som vänner till Lina Sandell-Berg, och till hennes begravning på Solna kyrkogård i juli 1903 kom omkring tusen personer.

Karolina blev imponerad av Bibelkvinnornas välgörenhetsarbete. Ett tjugotal unga kvinnor bodde tillsammans och bedrev missionsarbete i slummen på Södermalm. Under en del av dagen fick kvinnorna utbildning i bibelkunskap, räkning, engelska och sjukvård. Resten av dagen ägnade de åt hembesök och hjälparbete bland de fattiga vid Vita bergen. Efter ett par år hos Bibelkvinnorna kunde de få arbete på sjukhus, barnhem eller som socialarbetare i olika delar av landet. Många återvände till sina hemorter. Någon begav sig som missionär till Afrika.

Sommaren 1896 samlades vännerna i Missionsförbundet för att sända iväg Albertina Rutström till missionsstationen i Nganda i Belgiska Kongo. Albertina var född 1869 i Småland, där hennes far var predikant. Hon hade kommit till Stockholm nyåret 1894. Först bodde hon inneboende hos änkan Norin och arbetade som sömmerska några månader, innan hon flyttade till Bibelkvinnornas hem. Efter avskedet bland församlingsvännerna i Stockholm återvände Albertina till föräldrahemmet i Fliseryd. Under ett par veckor umgicks hon med sina föräldrar och bröder, innan hon i slutet av juli 1896 tog ut flyttbetyg och for till Afrika. Hon var van vid fattigdom och slum från sin tid på Söder, men hon var dåligt förberedd på det som väntade henne i Nganda. Svält och tropiska sjukdomar härjade bland den fattiga svarta befolkningen. Albertina som skulle sköta om de sjuka blev själv sjuk och avled den 29 december 1896.

Hemma i Stockholm samlades vännerna i Missionsförbundet till en minnesstund. Pastorn utgick i sin betraktelse från andra kapitlet i Lukas-evangeliet.

Herre nu låter du din tjenare fara i frid, efter ditt ord. Ty mina ögon hafva sett din frälsning. Hwilken du har beredt inför alla folk. Ett ljus till hedningarnas upplysning och ditt folk Israel till pris. (Lukas 2:29-32)

Karolina markerade versraderna i sin bibel och i marginalen skrev hon.

Vid Albertina Rutströms graf. död i Nganda den 29 – 12 – 96.

När Karolina hade lämnat sin tjänst hos familjen Stenius blev hon piga hos godsägare Paalzov först i Frösunda och sedan flyttade hon tillsammans med familjen till Upplandsgatan i Stockholm. Där träffade hon Carl Hellberg när han kom till Stockholm 1896. Carl Hellberg var elev på ett stort trädgårdsmästeri vid Hammarbysjö. När han var färdigutbildad flyttade han vidare till Halmstad, men återkom till Stockholm 1899. Året därpå blev han trädgårdsmästare på Löfstad slott utanför Norrköping. Han flyttade dit men hann knappt börja sin tjänst förrän han insjuknade i lunginflammation och dog.

Hans far satte in dödsannonsen i tidningen.

Att min käre son, Trädgårdsmästaren Carl Henning Hellberg, född den 18 december 1867, efter en kort sjukdom lugnt och stilla afled å Löfstad gård, Östergötland, Lördagen den 8 december 1900, sörjd och saknad af mig, styfmoder, trolofvad, syskon och en stor vänkrets, har jag den smärtsamma pligten tillkännagifva.
Eskilstuna den 13 December 1900. J.A. Hellberg.
Sv. Ps. n:r 452

Carl begravdes i Eskilstuna den 16 december 1900, och församlingen sjöng psalm 452. *Jag går mot döden var jag går.* Efter begravningen klippte Karolina ut dödsannonsen. Hon lade den tillsammans med det svartvita silkespapperet från begravnings-karamellen i det grå bleckskrinet och låste det lilla hänglåset.

27

Ett par månader senare lämnade Karolina Stockholm och flyttade till Lunds gård i Södermanland. Men hon skulle återkomma till Stockholm. Under perioden april 1903 till oktober 1905 hann hon med tre olika tjänster som husjungfru. Först hos grosshandlarfamiljen Wikström på Listonhill; en lyxvilla på Djurgården. Sedan hos kanslisekreterare Edman och hans familj. Professorskan Sahlin på Görvälns slott i Jakobsberg blev hennes sista arbetsgivare i Stockholm.

Hushållerskan Karolina tillsammans med kusken Jonsson och de
båda husorna på Lunds gård omkring 1909.

Hushållerska på Lunds gård i Södermanland

Karolina kom till Lunds gård som husjungfru i april 1901. Direktör Wicander hade köpt herrgården vid sekelskiftet. Familjen bodde växelvis i Stockholm och på Lund samtidigt som bygget av den nya mangårdsbyggnaden pågick. Familjen Wicander bestod av direktör Gustaf Wicander, hustrun Agnes och sönerna Carl Gustaf och Olof.

På gården fanns en äldre huvudbyggnad med två flyglar. På grund av brandrisken låg bagarstugan i ett hus vid sidan om. Hjärtat där var den öppna spisen med sin murade bakugn. I det gamla tungarbetade köket fick man bära *slask och ved och vatten*, som det står i visan. Tjänstefolket åt i köket eller serveringsrummet. Herrskapet åt i matsalen och då fick Karolina servera.

Stortvätt gjordes ett par gånger om året och tog två hela arbetsveckor i anspråk. April var tvättmånad. Från måndag till torsdag ena veckan eldade man under den stora bykgrytan. Lakan, dukar, linnekläder och förkläden kokades och allting blev garanterat rent det vill säga fritt från smuts och bakterier, även om inte alla fläckar försvann. Rost- och blodfläckar var svåra att få bort. Efter sköljning fick tvätten hänga på tork antingen utomhus eller på torkvinden. Veckan därpå skulle tvätten skötas in. Måndag var det läggning. Tisdag och onsdag manglades säng- och bordslinne. Torsdag och fredag var det dags för strykning. Skjortorna ströks. Förklädena skulle strykas och stärkas liksom kragar och manschetter. Som avslutning krusades örngottsbanden. Sedan lades allt i prydliga högar på sina hyllor i linneskåpet. I augusti var det åter dags för stortvätt och proceduren upprepades.

I två år arbetade Karolina på herrgården. I betyget som hon fick av fru Wicander när hon slutade i april 1903 står att hon var kunnig i det som hörde till platsen: tvätt, strykning, bordsservering och sömnad. Hon hade också ansvarat för hushållet på Lund när familjen Wicander vistades i Stockholm. Allt hade utförts till Agnes Wicanders belåtenhet.

Hösten 1905 återvände Karolina till Lund. Familjen Wicander hade bosatt sig där permanent, när den nya mangårdsbyggnaden var klar. Nu var det till ett stort, modernt hus hon kom. Det nya huset var byggt i sten i två våningar med vind och var utrustat med alla dåtidens bekvämligheter bland annat telefon. Vatten och avlopp var indraget. Det nya köket hade en modern vedspis, och man fick fortfarande bära in ved och lägga i vedlåren innanför köksdörren.

Huset låg på en höjd omgiven av träd och med utsikt över Breviken. Gården var på ett och ett halvt mantal och sysselsatte många. I hushållet arbetade en hushållerska, tre husor och två drängar eller betjänter. Rättaren hade en tjänstebostad där han bodde med sin familj liksom kusken. Fyra statdrängar med familjer skötte jordbruket. Ladugårdsdrängen ansvarade för djurens skötsel och trädgårdsmästaren för den stora trädgården med terrasser och växthus. Dessutom var en slöjdare verksam vid gården. Alla bodde med sina familjer i stugor på ägorna. En av de gamla flyglarna hade flyttats ned till den nyanlagda trädgårdsdelen och blivit bostad åt trädgårdsmästaren och hans familj.

I det stora herrgårdsköket byttes hela personalen ut i november 1905. Den nya hushållerskan Johanna Pettersson var dryga femtio år och ogift. Karolina var med sina trettiofem år äldst av husorna när hon började sin tjänst. Samtidig anställdes Anna som var tjugosex år och Hanna som var tjugo. De båda slutade redan efter ett år och ersattes av andra unga kvinnor som i sin tur avlöstes av nya husor efter något år. När Johanna Pettersson lämnade Lund 1907, fick Karolina ta över ansvaret som hushållerska.

Wicanders hade kvar sin våning i Stockholm, och hösten 1909 skrev Agnes Wicander därifrån till Karolina som var på Lund. Fru Wicander skulle opereras, och innan hon lades in på Sophiahemmet skickade hon noggranna instruktioner till Karolina.

Stockholm d.18/10 09

Kära Carolina!

Som jag sade i telefon vill jag nu per bref underrätta Carolina att jag om onsdag skall undergå en operation för njursten i den venstra njuren. Der har den uslingen setat hela tiden fast jag alltid kännt plågorna mest i höger sida. Som jag det sista året haft oftare påkommande illamående quäljningar trötthet som följts af grumlig urin och ökad ägghvita rådgjorde jag med Doktor Hwass när jag återkom från Marienbad. Han yrkade på Röntgenfotografering och då funno de stenen som sagdt. I lördags blef operation bestämd ehuru jag väl de sista 14 dagarna vetat, att det skulle ske har jag ej velat oroa direktören i förtid och derför ej velat nämna det åt någon. Nu vet han det. Han är ju förtviflad men som jag vet att risken att behålla är större än risken vid att taga bort den och dessutom alltid har att befara att de fruktansvärda plågorna kunna återkomma lika ofta som för 12 år sedan vill jag ovillkorligen göra operation. Jag blir troligen i en 4 veckor på Sofiahemmet och de tar åtminstone 2 veckor sedan jag kommit hem rätt klen, därför får ni styra och ställa med allt efter bästa förstånd på egen hand. Med bygget är det egentligen kakelugnsmakaren som det är ordnadt med. Jag skall telefonera med Fröken Berg, om de varit nöjda med kakelugnarne i Bergholmen som Grahn från Nynäs satt upp i så fall får Carolina höra med honom och annars tala vid den samma som hjälpte oss från staden. Han var ju så hygglig och bra. –
Skulle det vara något med räkningarna eller räkenskaperna så är det mesta infördt nu i boken, som ligger öfverst i biljardskåpet och der ligger de flesta räkningar, bref, aflönings- mjölk- och profmjölkningslistor. –
Den 15 hvar månad skall Brefbäraren Berg ha 15 kr för hunden Fly och den 1sta skall Ryttmästare Swartling ha 45 kr för Lacelie. – Om Helgas aflöning

33

och Sparbanksbok telefonerar jag idag. Förresten är det ej något särskilt som
jag vet. Men jag är hemma till i morgon kl 6, om det är något Carolina vill tala
om eller fråga. Ej förrän kl 3 på onsdagen kan operationen vara öfver då det är
flera som skall göras den dagen. Jag är ju vid godt mod oroar mig inte alls som
väl är. Jag önskar att jag kunde dela med mig av mitt lugn till Direktören.
Fastän det är ju ofta så att man kan vara lugnare, då det gäller en sjelf mot då
det gäller en kär och närstående.
Hälsa Mäster att om han har någon cyclamen eller chrysantemum färdig kan
han få skicka både hit till våningen och till mig på Sofiahemmet. Hälsa Helga.
Jag tror jag skriver några ord till henne direkt och tack kära Carolina för all
hjelp under de gångna åren och för att jag nu när jag ej kan komma ut på ett
par månader är lugn för allt på Lund då jag vet att Carolina styr och ställer
med allt på bästa sätt.
Med vänskap
Agnes Wicander

Agnes Wicander satt vid sitt skrivbord och skrev med mörkblått
bläck. Brevet blev välskrivet och handstilen var välvårdad. Ett par
veckor senare skrev hon igen till Karolina; den här gången från
sjuksängen på Sophiahemmet. Eftersom hon satt i sängen och skrev,
skrev hon med en blyertspenna. Handstilen blev inte heller hennes
bästa, men instruktionerna var lika tydliga som förra gången.

I sitt första brev tackade hon Karolina för all hjälp under de gångna
åren. Kanske var hon trots allt orolig över att operationen inte skulle
lyckas. Kanske berodde det på att Karolina nyligen hade förlovat sig
med ladugårdsdrängen Karl Karlsson och därför snart förväntades
sluta som hushållerska.

Fröken Berg som skulle tillfrågas om kakelugnarna hette
Euphrosyne i förnamn och bodde på Himmelsö, som var en av de
andra stora gårdarna i Ösmo. Om det var kakelugnsmakaren Johan

34

Gran i Nynäshamn eller någon annan som sedan fick uppdraget framgår inte.

Under hösten skötte Karolina hushållet på Lund. Frukten som skördades skulle konserveras för vinterns behov. Bland äpplena fanns grågyllen och rosenhäger. Päronen blev tyvärr förvuxna och sprack, så de dög inte att läggas in.

Helga Åkerlund som nämndes i brevet var den yngsta av husorna nyss fyllda arton år. Hon slutade sin tjänst på Lund den hösten och flyttade till Mellösa för att bli piga på Axelsberg. (Axelsberg heter numera Harpsund.) Hon hade säkert fina betyg med sig, för hennes kommande arbetsgivare Hedvig Posse var syster till Agnes Wicander. Axelsberg ägdes av direktör Wicanders bror Hjalmar, men arrenderades och drevs av greve Knut Posse, vars hustru Hedvig var syster till Agnes Wicander.

Släktskapen mellan herrgårdarna bidrog säkert också till att Karl Karlsson som hade varit stalldräng på Axelsberg kom till Lund som ladugårdsdräng hösten 1908. Så kom det sig att Karolina och Karl träffades och tycke uppstod. Lördagen den tredje juli 1909 förlovade de sig.

När julen närmade sig blev Karolina och fästmannen Karl hembjudna till hans föräldrar och syskon i Mellösa. Tyvärr kunde de inte ta ledigt och åka dit. Herrskapet skulle komma till Lund och då krävdes att Karolina fanns på plats. Fru Wicander var konvalescent efter operationen, vilket ställde särskilda krav på uppassning. Bland annat måste hennes säng anpassas. Karolina bäddade åt henne med den breda rödrandiga madrassen och några extrakuddar för att det skulle bli så bekvämt som möjligt.

Hösten därpå slutade Karolina som hushållerska, när hon hade gift sig med Karl och flyttat in i deras första gemensamma hem.

Lantarbetare på Lunds gård omkring 1909.
Karl Karlsson står som nummer två från höger.

Ur Karolinas receptsamling

Karolina hade några recept som hon använde många gånger. Hon har skrivit ned tre korvrecept och ett stärkelserecept med mörkt bläck på ett par lösa pappersark som har gulnat med åren. Papperet med recept på fläskkorv, medvurst och lungkorv är väl använt och bär spår av korvsmet.

Vill man prova recepten kan det vara bra att veta att det gamla måttet skålpund (lb) motsvarar 425 gram och ett lod är 13,28 gram. Ett stop är 1,308 liter. En kvarter (kv) är en fjärdedels stop och motsvarar 32,7 centiliter det vill säga ungefär lika mycket som ryms i en liten flaska eller burk öl. De nya måttenheterna liter och gram infördes i Sverige på 1880-talet, men i hemmen fortsatte man att använda sina gamla recept och måttsatser flera årtionden in på nittonhundratalet.

Fläskkorf
5 lb Nötkött skrapas hackas och bultas väl likaså 5 lb Svinkött 5 lb i fina
fina tärningar skuret späckfläsk 3 lb kall (kokt) rifven potatis ½ stop kall
kokt mjölk ½ stop kall buljång ½ kv Conjak salt hvitpeppar nejlikor lite
kryddpeppar. Köttet arbetas väl tillsammans sedan med späcket efter hand det
öfriga i små portioner.
Kött fläsk å späck skall hafva dessa måt då det är skrapat å hackat.

Medvurst
10 lb skrapat malet och bultat Oxkött arbetas väl spädes med 1 kv svenskt Öl
1 kv rödt vin ½ lb salt 4 lod Salpeter 1 lod stark 1 lod Kryddpeppar samt
½ lod Nejlikor allt detta arbetas till en seg deg ô sist ilägges 5 lb fint skurna
tärninga späckfläsk. Stoppas hårt i största skinnena. Knytes om.
Korvarna gnides med salt litet socker ô salpeter och lägges på ett platt fat i fyra à
fem dagar vändes dagligen.
Rökes

Lungkorf
Lungan hjertat ô plock kött males kryddas med nejlikor kryddpeppar salt efter
tycke. Korngryn lägges i blöt dagen före ô blandas med det öfriga fylles till helften
i skinn. Knytes om ô nedlägges med Lagerblad ô Kryddpeppar å bytta ô saltlake
slås öfver.

Karolina stärkte många förkläden och skjortkragar under sin tid som
husjungfru. Beskrivningen på hur man blandar stärkelse har vikts ut
och in många gånger och nästan fallit sönder.

Beskrifning att blanda till stärkelse
Till 3 rågade kaffekoppar stärkelse tages 3 rågade theskedar Borax och en liten
bit Wax af en half tums storlek i fyrkant. Waxet och 2 theskedar Borax lägges
i en kopp kallt vatten att smälta och en thesked Borax blandas i den torra
stärkelsen på hvilket man häller litet kallt vatten och gnor sönder den väl innan
man har i den smältna Boraxen och Waxet, sedan när det är ihällt arbetas den
väl sedan utspädes den med kallt vatten så tunn man vill ha den.

Karolina kör släde vintern 1909.

Fem bröllop och fyra begravningar

Att Karolina hade skaffat sig en stor bekantskapskrets genom sitt arbete och sitt kyrkliga engagemang märktes genom att hon blev bjuden till flera bröllop och begravningar. I sitt bleckskrin sparade hon inbjudningskorten till fem bröllop och fyra begravningar. De rörde personer som på ett eller annat sätt stod henne nära runt sekelskiftet 1900. Korten som tillkännagav dödsfallen hade alla en svart ram. Det ena kortet var skrivet för hand de övriga var tryckta. Hon sparade också de fina omslagen i svart, vitt och silver från begravningskaramellerna. På begravningar hörde det till att man bjöd på karameller, som var inslagna i silkes- eller glanspapper och dekorerade med änglar och blommor.

Den lilla flickan Märta Kristina Kindvall var bara två år gammal, när hon dog av hjärninflammation i november 1893. Hennes föräldrar Carl och Anna Kindvall skrev kortet för hand. De bodde i Orkesta och var gamla vänner till Karolina.

Maskinisten Erik Emil Sjöström och Anna Charlotta Elfrida Bergbohm gifte sig i Stockholm den 27 november 1896. Karolina hade lärt känna Anna och Erik i Stockholm. De var kanske medlemmar i Missionsförbundet.

Häradsdomaren Johan Lund avled den 26 mars 1901 på Söderby i Orkesta, och fröken Karolina Wallin inbjöds att bevista begravningen. Johan Lund var ägare till Söderby, som var en av de största gårdarna i Orkesta. Torpet Eriksberg där Karolina växte upp låg på Söderbys ägor. Karolina hade varit konfirmationskamrat med hans son Erik och god vän med dottern Elin. Det är svårt att veta exakt vilken roll Johan Lund spelade i Karolinas liv, men det var nog inte så vanligt att en torpardotter blev inbjuden till godsägarens begravning. När släkt och vänner samlades i sorgehuset och gemensamt vandrade till kyrkan på påskdagen, gick Karolina bland de sörjande.

Familjen Wicander hade hushåll både i Stockholm och på Lunds gård, och det var många pigor som kom och gick hos dem. Karolina blev arbetskamrat med bland annat Cecilia Backström och Evelina Ryd, och hon blev bjuden på deras bröllop. Cecilia gifte sig med kusken Oskar Sjöö i oktober 1901. Evelina blev fru Åkerlund, när hon fick sin Gustaf i juli 1903.

En annan av Karolinas gamla arbetskamrater var Charlotta Karlsson. När hon gifte sig med August Lans i november 1904, blev Karolina bjuden. Karolina och Charlotta hade träffats när de båda var pigor hos familjen Petersson i centrala Stockholm några år tidigare. Herrn i huset var apotekare och förestod apoteket Elefanten på Drottninggatan.

Gottfrid Gustafsson och Ada Holmberg vigdes i Stockholm i juni 1910. Gottfrid och Ada bodde i Stockholm, och Ada var en av Karolinas vänner från föreningslivet där.

Förre hemmansägaren Karl Gustaf Karlsson avled på Hagbacken i Fogdö i februari 1911. Både kortet och kuvertet som dottern Anna och hennes man Adolf Jonsson skickade hade en bred svart relief-präglad kant. Adolf Jonsson hade varit trädgårdsmästare på Lund fram till 1906 då alla tre flyttade till Fogdö. Fru Karolina Karlsson inbjöds att bevista begravningsakten men inte hennes man Karl. Det var bara hon som hade lärt känna familjen när de bodde på Lund, eftersom Karl inte kom dit förrän 1908.

När Per Johan Jansson hemmansägare på Vidbynäs avled i februari 1912, blev Karolina och Karl inbjudna till jordfästningen på Ösmo kyrkogård och efterföljande middag i sorgehuset. Familjerna bodde nära varandra och var goda vänner. Begravningskortet var mycket detaljerat. Där stod bland annat att Per Johan Jansson *avsomnade Måndagen den 5 Februari 1912 kl. 11,56 e.m. i sitt 59-nde levnadsår.*

Karolina och Karl förlovade sig den 3 juli 1909.

Nygifta fru Karlsson

Karolina ville att en av hennes vänner från Evangeliska fosterlands-
stiftelsen skulle viga henne och Karl. Så kom det sig att komminister
Josef Rosenius från Jakobs församling i Stockholm förrättade
vigseln den 30 april 1910. Han var son till Carl Olof Rosenius en av
EFS:s grundare. Några av Karolinas väninnor kom säkert till
bröllopet, men inte Edla Vesterfors. Hon skickade i stället ett
lyckönskningstelegram till brudparet på Lunds gård. Edla och
Karolina hade varit arbetskamrater hos Sahlins på Görväln.
Telegrammet lämnades in i Stockholm och telefonerades till Ösmo,
där det skrevs ut för hand på Telegrafverkets linjerade blankett.
Lyxtelegram med bilder i flerfärgstryck infördes inte förrän två år
senare. Telegrammet levererades sedan av ett telegrambud. Det var
en pojke i tolvårsåldern som sprang upp till Lund med det.

Sedan Karolina lämnade föräldrahemmet hade hon bott i en
pigkammare hos sin arbetsgivare. Fyrtio år gammal fick hon äntligen
inreda ett eget hem i en liten stuga som hörde till Lunds gård. De
nygifta hyrde större delen av sitt möblemang. Att hyra var en form
av avbetalningsköp. Till en total kostnad av fyrahundrafemton
kronor fick de en tvåmansjärnsäng med madrass, chiffonjé, lavoar
med marmorskiva, soffa, matbord och sex stolar. I förskottshyra
betalade de etthundrafemtio kronor. Därefter betalades tjugo kronor
i månaden från och med maj 1910. Den sista inbetalningen på
tjugofem kronor gjordes i juli året därpå. När full betalning hade
erlagts övergick möblerna i makarna Karlssons ägo. Hos Otto
Gahms Glas- & Porslinsmagasin i Stockholm köpte de husgeråd för
femtiofyra kronor och sjuttiofem öre. Den största posten var
servisen Leksand, som kostade nästan sexton kronor. Bland det
övriga märktes: Kopparkastruller, plättpanna och stekpanna.
Tillbringare, gräddkanna, tratt och rivjärn. Ett dussin kaffekoppar,

dricksglas, matskedar och teskedar. Samt fyra skurdukar som kostade tjugo öre styck.

Karolina hade samlat en del linne till sin hemgift. De gåsögonmönstrade handdukarna var märkta med ett snirkligt K; K som i Karolina. Förrådet kompletterades med nya vita linneservetter; ett halvdussin med stjärndekor och ett halvdussin med ett geometriskt rutmönster. På dem broderade hon ett stramt K inneslutet i en cirkel helt i den tidsenliga jugendstilen. Nu var det K som i Karlsson.

Ett halvår efter att hon hade gift sig slutade Karolina som hushållerska. Magen började bli stor och man kunde se att hon väntade barn. I månadsskiftet oktober-november anlände den nya hushållerskan, och Karolina fick ägna sig åt sin egen familj på heltid.

I januari var det dags för Karolina att föda. Uppe i stora huset på Lunds gård gjorde husorna i ordning tvättstugan som förlossningsrum. Där var det rent och man hade tillgång till vatten som lätt kunde värmas. Barmorskan tillkallades. Handdukar och tvättfat med ljummet vatten ställdes fram. Den 11 januari 1911 föddes Karolinas dotter. Den lilla flickan fick heta Maria Alice. Karls syster hette Maria och det hade även Karolinas adoptivmamma hetat. Alice var ett nytt modernt namn kanske inspirerat av engelska kungligheter. Varken Karolina eller Karl kunde engelska och visste hur namnet borde uttalas. Hon kom därför att kallas *Alise*, vilket hon så småningom själv skulle ändra på.

Himmelsö

Hösten 1909 annonserade fröken Euphrosyne Berg på Himmelsö efter sällskap och hjälp.

För en enkel, bildad flicka finnes plats att som sällskap och hjälp sköta en ensam persons hushåll. Svar till Fröken E. Berg, Himmelsö, Ösmo. Referenser: Direktör M. Simonson, Ludvigsberg, Stockholm, Sö; Fröken A. Zins, Hornsgatan 52, Stockholm.

Annonsen var införd under rubriken "Lediga platser" i vecko-tidningen Idun den 24 oktober och i Fredrika-Bremer-Förbundets veckotidning Dagny den 4 november.

Efter nyår kom Signe Isberg från Katarina församling på Söder i Stockholm ut till Himmelsö för att vara hjälp och sällskap åt den sextiofemåriga damen. Signe var tjugosex år gammal och dotter till komministern i Katarina. Livet på en ö i skärgården var ganska isolerat under vintern. Det skulle dröja ända till mars innan Signe kunde ta sig in till fastlandet och pastorsexpeditionen i Ösmo och lämna in sitt flyttbetyg. När hösten kom hade hon fått nog av skärgårdslivet och i november återvände hon till Stockholm.

Euphrosyne hade kommit till Himmelsö som nyfödd, när hennes far tog över som brukare av Himmelsö. Hemmanet hade varit i familjen Bergs ägo sedan början av 1800-talet då Euphrosynes farfarsfar köpte ön. Euphrosyne och hennes föräldrar flyttade dit 1844 och två år senare fick de en son. Den första maj 1848 dog fadern Carl Peter Berg och lämnade sin hustru Charlotta ensam med två små barn och ett tredje på väg. Yngste sonen Axel föddes den tjugonde maj knappt tre veckor efter faderns död.

Carl Peter Berg visste att han var allvarligt sjuk och bara ett par dagar före sin död skrev han ett testamente där han gav hustrun fri dispositionsrätt av hela boet och utnämnde henne till sina barns förmyndare då *deras välfärd icke kan lemnas i bättre händer.* Detta måste ha varit något fullständigt unikt eftersom det bara var fadern som var förmyndare för barnen på den tiden. Det var hundra år innan föräldrabalken kom och även modern blev förmyndare för sina barn. Under 1800-talet var det i de flesta fall en manlig släkting – en farbror eller morbror – som blev förmyndare för barnen om fadern dog.

Endast tjugoåtta år gammal fick Charlotta Berg ansvar för gårdens skötsel och tre småbarn. På gården fanns en häst, ett par dragoxar, fyra mjölkkor, en ungtjur, en kviga, två kalvar, en gumse, sex tackor, sex lamm och tre svin. Madame Berg beskrivs som en duglig och arbetsam kvinna i prosten Qvists bok om Ösmo. Han återberättar vad han hört om henne.

När engelska och franska flottan under Krimkriget 1854-55 låg vid Älvsnabben, rodde hon själv dit och sålde gårdens produkter, hon var den enda i trakten som kunde tala franska.

Detta var en verklig bedrift eftersom det är cirka tio distansminuter mellan Himmelsö och Älvsnabben. Madame Berg brukade gården fram till 1894 då den såldes. Hon bodde kvar med sin dotter i en flygelbyggnad på Himmelsö till sin död 1905.

Efter 1894 följde ett par täta ägarbyten innan Euphrosynes kusin Magnus Simonsson köpte ön 1906. Han var son till en av Madame Bergs bröder. Magnus Simonsson bodde aldrig själv på ön. Han bildade *Aktiebolaget Himmelsö* och anställde en rättare som ansvarade för driften av gården. Euphrosyne bodde kvar i flygeln där hon hade sin lägenhet med fyra rum – sängkammare, sal, förmak och ett hörnrum – samt kök.

Hösten 1912 anställdes Karl Karlsson som lantarbetare på Himmelsö och han flyttade dit tillsammans med Karolina, Alice och fosterdottern Karin. Himmelsö var ett typiskt skärgårdshemman på ett kvarts mantal. Totalt var det sjutton personer som bodde på ön år 1912. Rättaren Carl Oscar Andersson med fru och fem barn bodde i mangårdsbyggnaden och Euphrosyne Berg i flygeln. Den förre statdrängen Claes Fredrik Andersson, hans fru och son bodde kvar i sin stuga. Trädgårdsmästaren Erik Lindberg var ungkarl och fiskaren Claes August Andersson var änkling. Färjkarlen bodde vid färjeläget på fastlandssidan. Tillsammans levde de på vad lantbruket och fisket gav. När tillfälle gavs drygade de säkert ut med sjöfågeljakt. (En gammal skärgårdskarl berättade en gång för mig att han gärna jagade sjöfågel. Det var på hösten man fick jaga dem, men han gjorde det helst på våren för fåglarna var godast då.)

Avståndet till Lunds gård var inte större än att man kunde se varandras ägor och man kände varandra. Men strömmarna mellan fastlandet och Himmelsö försvårade kontakterna. Till och från ön färdades man med roddbåt eller färja. Färjan var handdriven och drogs utmed en kätting som låg på botten av sundet. Svårast var det den tid på året när isarna varken bar eller brast. Det isolerade livet på ön gjorde att man kom varandra nära. Karolina blev det sällskap som Euphrosyne tidigare hade annonserat efter och Karin fick hjälpa henne med pigsysslor.

Kriget bröt ut i Europa och tiderna blev kärva. År 1915 bestämde sig Magnus Simonsson för att arrendera ut jordbruket på Himmelsö. Rättaren och hans familj flyttade ut och in flyttade arrendatorn med sin familj. Behovet av anställd arbetskraft minskade, och Karl började se sig om efter annat arbete. Hans yngre bröder gjorde dagsverken på Axelsberg. De hörde sig för om det kunde finnas arbete där för Karl också. Familjen övervägde att flytta ditåt och Karolina tog reda på att det fanns billiga bostäder att hyra i Flen.

Våren 1916 slutade Karl sin tjänst som lantarbetare och blev i stället hamnarbetare i Nynäshamn. Till sommaren flyttade familjen in på Egnahem 16 i Nynäs villastad. Samma år drabbades Euphrosyne av gallsten och njurlidande och den sista tiden vårdades hon på Serafimerlasarettet i Stockholm där hon avled i oktober. Karolina klippte ut hennes dödsannons och lade den i sitt bleckskrin.

Fröken Euphrosyne Berg, född den 17 Juli 1844, avled stilla i Stockholm Tisdagen den 10 oktober 1916, sörjd och i kärt minne bevarad av släktingar och många vänner.
Tillkännagives endast på detta sätt.

Söndagen den 15 oktober begravdes Euphrosyne på kyrkogården i Ösmo i den grav där hennes mor Charlotta och hennes bror Axel redan vilade.

Alice, Frida (Karolinas fostersyster), Karl och Karolina framför
Egnahem 16 i Nynäshamn omkring 1916.

Eget hem i Nynäshamn

Nynäshamn var en expansiv köping när familjen Karlsson flyttade dit år 1916. Det var ett helt nytt samhälle som hade växt upp kring hamnen. Familjen flyttade in på Egnahem 16. Senare skulle adressen ändras till Bragevägen 9. Huset var nästan nybyggt och Karolina var lycklig över att få ett eget hem med bättre standard än den de hade haft i lantarbetarbostaden på Himmelsö. Huset var högt beläget och från det stora rummet på bottenvåningen kunde man se ut över fjärden när Gotlandsbåtarna lämnade hamnen och begav sig österut. Under snedtaket på övervåningen fick Alice sitt eget rum. Till huset hörde även en trädgård där familjen främst odlade prydnadsväxter.

I Nynäshamn kom Karolina i kontakt med Frälsningsarmén och Alice gick i deras söndagsskola. Karolina beundrade det sociala arbete som slumsystrarna utförde. Det var i Nynäshamn som Karolina engagerade sig politiskt. Hon blev medlem i det Socialdemokratiska partiet och mycket aktiv i den lokala kvinnoklubben.

Nynäshamn var en del av Ösmo församling men när samhället växte behövdes en egen kyrka. Syföreningen och föreningen Kyrkans Vänner arbetade med att samla in pengar i femton år innan man kunde påbörja bygget. Karolina var med när grundstenen till Nynäshamns kyrka lades söndagen den 30 juni 1929. Efter högtidligheten åt man lunch på järnvägshotellet. Ett och ett halvt år senare var kyrkan klar och Karolina blev inbjuden till invigningen den fjärde advent. Invigningsgudstjänsten började klockan elva på förmiddagen och senast kvart i elva skulle besökarna ha intagit sina platser. Från sin plats i den bakre delen av kyrkan deltog Karolina i psalmsången och lyssnade till komminister John Mellgårds högtidliga predikan. Efter invigningen serverades något som kallades frukost-middag på järnvägshotellet till ett pris av tre kronor per person.

Karl arbetade i hamnen anställd av Stockholm-Nynäs järnväg. Arbetet i hamnen skilde sig en hel del från det lantarbete med djurskötsel som han var van vid. Likheten var att båda innebar fysiskt tunga utomhusaktiviteter. En gång fick han nytta av sina tidigare erfarenheter. Det var när Gotlandsbåten med kor i lasten frös fast i isen vid inloppet till Nynäshamn. Tiden gick och korna blev oroliga och behövde mjölkas. Då fick Karl rycka ut. Han gick över isen ut till båten och mjölkade korna och sedan hem igen samma väg.

Vykort – dåtidens sociala medium

I början av 1900-talet var det med vykort som man höll kontakt med sina vänner. Visst skrev man brev också, men ett brev ställde större krav på att vara välskrivet och tog mer tid. Ett kort var snabbt ivägskickat. Det var inte många privatpersoner som hade telefon utan vykorten användes också för korta viktiga meddelanden. Vykorten kom till Sverige från Tyskland och Frankrike i början av 1890-talet och de blev mycket populära runt sekelskiftet. År 1904 stod intresset på topp och då skickades nästan femtio miljoner vykort i Sverige. Det innebar att varje svensk skickade i genomsnitt tio stycken det året. Karolina fick ett tjugotal av dessa och hennes vänner fick förmodligen ungefär lika många från henne.

Karolina satte in sina vykort i två album. Ett grönt litet större där det fick plats två kort på varje sida och ett blått där det bara fick plats ett kort på en sida. På några sidor har hon satt korten dubbelt. Men trots det fick inte alla plats i albumen utan flera fick förvaras löst. Hon sparade mellan hundrafemtio och tvåhundra kort.

Vad föreställer korten? De flesta är fotografier från olika platser. Järnvägsstationerna i Nynäshamn, Mellösa, Hälleforsnäs och Flen finns avbildade på kort som har skickats från de orterna. Men ibland har man valt en fin bild utan anknytning till var man själv befann sig. Carl och Amanda Hellman skickade ett kort som föreställde järnvägsstationen i Karlshamn trots att de befann sig på Axelsberg. Kyrkor var också ett populärt motiv. Ösmo och Lilla Mellösa kyrkor har fotograferats från olika vinklar och i såväl sommar- som vinterskrud. De större gårdarna hade egna vykort. Slott och herrgårdar förekommer ofta på vykorten, som exempel kan nämnas: Lunds gård, Nynäs slott, Stenhammar och Axelsberg eller Harpsund. Bilderna på Axelsberg respektive Harpsund är helt olika trots att det är samma ställe. En ny huvudbyggnad ersatte den gamla samtidigt som gården återtog sitt gamla namn på 1910-talet. Dessutom är flera olika så kallade partier från både stad och land avbildade. På bilden som föreställer ett hotell i Hamburg har avsändaren skrivit: "Vi bo här på det hotellet Karolina ser på vykortet." Karolinas väninna Evelina skickade en bild från en gatukorsning i Eskilstuna med texten: "Här är huset vi bor i."

Några av Karolinas vänner skickade gruppbilder där de själva var med. Det är dels bilder från föreningsutflykter dels bilder där tjänstefolket vid någon större gård har ställt upp för fotografering utomhus. Ingen ler eller skrattar på bilderna utan alla sträcker högtidligt på sig och tittar allvarligt rakt in i kameran. Helga Åkerlund skickade 1912 en bild från Rockelstad där hon och den andra köksan sitter på en filt klädda i randiga klänningar och vita köksförkläden. Hushållerskan sitter bredvid i prickig klänning och midjeförkläde. Bakom står de tre husjungfrurna i långa svarta klänningar och nystärkta serveringsförkläden med brodyr och volanger. Alla kvinnorna utom hushållerskan bär små vita huvudbonader. Betjänten och kusken står bredvid. Den ene med mörk kostym och kubb och den andre med lång kavaj, ridbyxor, ridstövlar och skärmmössa. Båda är slätrakade.

Ett annat kort föreställer lantarbetarna på Lunds gård däribland Karl. De är klädda i grova byxor, kulörta skjortor utan krage, arbetsstövlar eller kängor och skärmmössor. Karl har ett långt midjeförkläde. Någon håller i en grepe. Trädgårdsmästaren och hans dräng bär ljusa linnekavajer och halmhattar med vida brätten. Alla männen har mustasch. Framför de vuxna männen sitter fyra statarsöner i skolåldern med gårdens jakthundar. Pojkarna är klädda ungefär som sina fäder fast byxorna är kortare och den yngste är barfota. Tre kvinnor finns med på bilden; trädgårdsmästarens hustru och dotter samt en äldre kvinna utrustad med käpp och spånkorg.

Alla tre har långa kjolar och huvudbonader. Trädgårdsmästarfrun har satt på sig söndagshatten.

Vilka var det då som skrev till Karolina? Det var hennes väninnor från föreningslivet i Stockholm och de forna arbetskamraterna från olika platser. Bland barndomskamraterna var det bara häradsdomaren Lunds dotter Elin som skickade så kallade vyer till henne. Vyerna från Elin Lund har motiv från Orkesta. Fostersystern Frida tillhörde de flitigaste avsändarna. Tack vare korten kunde man följa hur hon flyttade från Orkesta till Stockholm och sedan till Flen. När Karolina hade gift sig med Karl kom många av korten från hans föräldrahem Hedtorp i Mellösa. Det var hans äldre halvsyster Maria och Karolina som höll kontakt och skrev till varandra med hälsningar till och från hela familjen.

Namnsdagshälsningarna dominerade. Till Karolinadagen i maj 1903 fick hon nio hälsningar. Samma år fick hon fem gratulationskort på sin födelsedag. Karolina arbetade då hos familjen Wikström i Stockholm, och hälften av namnsdags- och alla födelsedagskorten kom det året från vänner på Lunds gård, där hon hade tjänstgjort tidigare.

Gemenskapen på Lunds gård var fin. Det märktes på alla vykort från arbetskamraterna där. När Karolina arbetade i Stockholm ett par år fick hon flera vykort från Lund med en önskan om att hon skulle komma och hälsa på. Hon fick också en nyårshälsning från Gustaf Wicander; den äldre av sönerna. När hon sedan var tillbaka på Lund igen kom vykorten från pigor och statarhustrur som hade lämnat gården. De hälsade till alla och någon skrev att hon tänkte komma på besök. När familjen Wicander åkte till Wiesbaden eller Marienbad i Tyskland på semester följde guvernanten *Fräulein* med, medan Karolina stannade på Lund. Då fick hon hälsningar från både guvernanten och sonen Olle. I september 1909 fick hon ett kort från Agnes Wicander, som då vistades i Marienbad. Hon skrev att Karolina skulle telefonera och beställa karbid från Svenska Carbidförsäljningsaktiebolaget eftersom direktör Wicander hade glömt att göra det innan de reste. Hon skulle beställa fyra fat om vardera tjugofem kilogram. Det mest kända användningsområdet för karbid var till belysning, men numera används det mest för sorkbekämpning. Fru Wicander skrev också att hon längtade efter nyheter från Lund. Hon ville veta hur det var med *väder, skörd och sådd*. Karolina skrev säkert ett brev med svar till sin arbetsgivare.

Helga Åkerlund slutade som husa på Lund hösten 1909 och flyttade till Axelsberg i Mellösa. Därifrån skickade hon ett vykort föreställande Mellösa järnvägsstation till Karolina. Hon skrev att hon hade ringt till Lund men inte fått tag på Karolina. Hon trivdes bra på sin nya plats men saknade vännerna på Lund och hälsade till dem alla. Hon kände sig ensam och skrev: "Försök och skriv någon gång här går jag och inte känner igen någon människa så är det roligt att få brev från Lund." Karolina skrev säkert till Helga. Men inte nog med det, hon skrev också till sin svägerska Maria i Hedtorp. Karolina hoppades att hon skulle lära känna Helga och bli god vän med henne. Maria svarade: "Karolina frågar om vi har blivit någodt bekanta med Helga. Jag har ej sett Herrskapets nya jungfru. Men syster Emma hon är visst blifvit bekant med Helga, hörde jag hon talade om." Karls bror August var stalldräng på Axelsberg och syster Emma var hushållerska åt honom. De bodde i hans tjänstebostad på Axelsbergs egendom. Eftersom båda var ogifta passade det bra att de hjälptes åt. Anställningen på herrgården involverade hela familjen. I statarhustrurnas skyldigheter ingick att de skulle sköta mjölkningen, och det var säkert en av Emmas arbetsuppgifter också.

Hösten 1912 flyttade Karolina, Karl och lilla Alice från Lund till Himmelsö som var en av de andra stora gårdarna i Ösmo. Familjen Karlsson på Himmelsö fortsatte att hålla kontakt med familjen

Jonsson på Lund. Anders Erik Jonsson var kusk där. Elin Jonsson och Karolina hade varit vänner sedan Karolina kom till Lund första gången 1901 och de skickade ofta hälsningar till varandra. När Karolina hade flyttat till Nynäshamn hjälpte hon Elin att uträtta ärenden i samhället. Bland annat fick Karolina hämta Elins hatt hos modisten och packa in den väl. Trädgårdsmästaren från Lund besökte regelbundet Nynäshamn och vid sitt nästa besök tog han med sig hatten hem till Elin. Allt ordnades med överenskommelser via vykort.

I augusti 1916 skrev Elin Jonsson på sin dotter Gundlas vägnar. Gundla ville komma och hälsa på i Nynäshamn. I första hand var det Karin som Gundla ville träffa. Karin hade tidigare varit fosterdotter till Karolinas fosterföräldrar och bodde nu hos Karolina och Karl. De båda flickorna var i tonåren och Gundla ville komma över till Karin på lördagseftermiddagen. Hon bad henne därför att gå till Bergströms på lördag morgon klockan nio så skulle hon ringa dit. Eftersom Karlssons inte hade telefon, fick man bestämma en tid när Gundla skulle ringa så att Karin kunde gå upp till närmaste granne med telefon och ta samtalet där. På lördagsmorgonen kunde flickorna pratas vid och komma överens om hur de skulle göra.

Från Karls familj i Hedtorp kom lyckönskningar i samband med högtidsdagar, men även kort som berättade att de hade skickat ett paket och ville veta att det hade kommit fram ordentligt. Vid ett tillfälle var Karl på Hedtorp och då skrev Maria till Karolina och berättade att han skulle komma hem under veckan, men att hon inte visste vilken dag. Karl var ingen brevskrivare utan han överlät allt sådant till sin syster och hustru. Det var i augusti och han var på Hedtorp och hjälpte till med arbetet på gården.

I december 1914 skrev en mycket orolig Maria till sin bror och svägerska. Hon hade varit och besökt fadern som var allvarligt sjuk och låg på sjukhus. Han hade blivit mycket sämre och hon befarade att det kunde vara slut när som helst och tyckte att de skulle komma hem. Men de fick inte tala om för modern att hon hade skrivit till dem. Maria ville inte att hon skulle oroas i onödan och hade inte berättat för henne att fadern var sämre. Han klarade krisen och levde sedan till 1923. När hela familjen fotograferades på Hedtorp 1917 satt han i en stol med ena benet amputerat. Det var kanske den amputationen som hade räddat livet på honom tre år tidigare.

Invigningen av nya folkskolan i Nynäshamn

Den nya folkskolebyggnaden i Nynäshamn invigdes söndagen den sjuttonde januari 1926. Karolina och Karl blev bjudna till invigningen. Det kom två brev till familjen Karlsson på Bragevägen. Ett som var ställt till *Skolrådsledamoten Fru Karolina Karlsson*, och ett till *Herr K. A. Karlsson*. Om det hade varit han som hade varit ledamot i skolrådet, hade det förmodligen bara kommit ett gemensamt brev adresserat till Skolrådsledamoten med fru. Karolinas inbjudan hade nummer 51 och Karls hade nummer 554. När invigningen började klockan två på söndagseftermiddagen, satt Karolina tillsammans med övriga honoratiores på en av de främre raderna i skolans samlingssal. Hamnarbetaren Karl Karlsson satt längst bak i salen.

Invigningen inleddes med en kantat skriven speciellt för tillfället. Den nationalromantiska texten var skriven av folkskoleinspektör Johannes Linnman, och rektor Karl Lövberg hade gjort musiken. Kantaten bestod av fem delar. En blandad kör sjöng den första delen *Hav och strand*. Det var en naturromantisk beskrivning av Nynäshamns läge, där bergen var en jätte och havet en kung som ständigt låg i fejd med varandra. En ensam barytonsolist framförde den andra delen *Bebyggelsen*, som gav en idealiserad bild av den förste nybyggaren i trakten. Den tredje delen *Samhället* beskrev hur tjugotalets Nynäshamn utvecklades, och här fick barytonsolisten sällskap av manskören. I *Barnens sång* var det en fyrstämmig flickkör som i from anda utryckte en vilja att växa och lära. Den avslutande delen *Bön* var en bön om välsignelse för den nya skolan, och den sjöngs av den blandade kören.

Skolbyggnadskommitténs ordförande höll ett anförande. Det följdes av ett invigningstal av generaldirektören Bengt J:son Bergqvist. Han var Skolöverstyrelsens förste generaldirektör. Perioden 1920-21 hade han varit ecklesiastikminister i expeditionsregeringen. Då genomdrev han bland annat propositionen om upprättandet av ett rasbiologiskt institut i Uppsala. Avslutningstalet hölls av kontraktsprosten Axel Quist. Quist var kyrkoherde i Ösmo och som sådan ordförande i skolrådet. Invigningen avslutades med en gemensam sång. Sedan fick de närvarande tillfälle att gå runt och se de nya lokalerna, som bland annat innehöll: slöjdsalar, skolkök, naturkunnighetsrum, teckningssal, samlings- och kyrksal, gymnastiksal med omklädningsrum och ett rum med fullständig tandläkarutrustning.

Festligheterna fortsatte med middag på järnvägshotellet klockan fem, men till den var bara de med låga nummer på inbjudningskorten välkomna. Karl fick gå hem, medan Karolina bjöds på en femrätters måltid med fina viner.

I matsalen på järnvägshotellet var det dukat till fest. På långborden låg vita linnedukar och bredvid tallrikarna var silverbesticken uppradade: ytterst de mindre till förrätten, sedan soppskeden på höger sida, därefter fiskbesticken och innerst låg kniv och gaffel till kötträtten. Ovanför tallriken låg dessertbesticken, och där stod fyra glas: ett sherryglas, ett glas för vitt och ett för rött vin samt ett seltersglas. Linneservetterna var vackert brutna, och vid varje kuvert fanns ett placeringskort. På Karolinas plats låg ett där det stod *Fru Karolina Karlsson*.

Det var ovant för Karolina att sitta till bords och bli uppassad av servitriser med svarta kjolar och nystärkta vita förkläden. När det hade varit middagsbjudningar på Listonhill, Görvälns slott eller Lunds gård hade hon – som husjungfru – inte tillhört middagsgästerna utan tjänstefolket.

Först serverades sandwich. Tre små runda eller trekantiga smörgåsar låg på assietterna. Brödet var tunt skuret och dekorerat med olika sorters pålägg. Sedan följde sköldpaddssoppa. Sköldpadda var dyrt och exklusivt och något som bara förekom på finare middagar. Till soppan drack man Malwoisie; en ganska söt madeira. Sjötunga Walewska stod därefter på menyn. Det är sjötungsfilé gratinerad med hummersås och pommes duchesse. Till fisken serverades Niersteiner, som är ett vitt vin från Rheinhessen i Tyskland. Kötträtten bestod av kalkon; sannolikt stekt kalkon med brynt potatis och sås. Kalkonen avnjöts med ett glas franskt bordeauxvin; Gruaud Larose. Som avslutning fick gästerna en frisk aprikosparfait.

*

MENU
Sandwishes
Sköldpaddsoppa
Sjötungsfilé Valeska
Kalkon
Aprikosparfé
Malwoisie
Niersteiner
Gruaud Larose

Några medlemmar från Nynäshamns Socialdemokratiska
Kvinnoklubb på väg till kamratmöte i Huddinge i augusti 1926.

Socialdemokratiska Kvinnoklubben

Karolina hade valts in som socialdemokratisk ledamot i skolrådet 1920 och satt kvar till och med år 1928. Hon var medlem i Nynäshamns Socialdemokratiska Kvinnoklubb och i början av 1920-talet var hon dess ordförande. Vid årsmötet i februari 1923 avgick hon som ordförande i den lokala klubben och i april blev hon invald i förbundets distriktsstyrelse. Vid flera tillfällen var hon kvinnoklubbens ombud i Nynäshamns Konsumtionsförening, Nynäshamns Kooperativa Mjölkföreningen och ABF. Mellan åren 1925 och 1935 var hon klubbens fanbärare. Då gick hon med fanan i täten av förstamajtågen tillsammans med de övriga arbetarkvinnorna unisont sjungande Internationalen. Standaret – som hade texten *Nynäshamns Socialdemokratiska Kvinnoklubb* i guld och som var prytt med tofsar – var klubbens verkliga dyrgrip med ett försäkringsvärde på femhundra kronor.

Nynäshamns Socialdemokratiska Kvinnoklubb bildades 1910, och under det första decenniet var kvinnlig rösträtt en av klubbens viktigaste frågor. Redan 1862 hade kvinnor fått rösträtt i kommunalval om de hade egen debetsedel, vilket endast gällde ett fåtal överklasskvinnor. År 1909 fick männen allmän rösträtt. Men det var bara i riksdagsval som de hade lika rösträtt. I kommunalvalen hade de mest förmögna männen fyrtio röster medan en enkel arbetare bara hade en. En man som var skuldsatt eller dömd saknade röst. Den fyrtiogradiga skalan upphävdes 1918 och då fick alla män lika rösträtt.

Lördagen den 24 maj 1919 beslutade riksdagen om allmän och lika rösträtt för kvinnor och män. Det socialdemokratiska kvinnoförbundets tidning *Morgonbris* beskrev i en artikel veckan därpå kvinnornas kamp för rösträtt. Artikeln avslutades: "Med 1919 är så ändtligen kvinnornas kamp för rösträtten avslutad. Genom riksdagens beslut på lördagen med anledning av årets k. proposition i ämnet stå de svenska kvinnorna härefter såsom politiskt jämställda med männen." Karolina klippte ut artikeln, vek ihop den och la den i sitt bleckskrin. I riksdagsvalet 1921 fick hon rösta för första gången. Rösträttsåldern var tjugotre år, men Karolina hade hunnit fylla femtioett.

Karolina satt i flera olika nämnder under åren, men eftersom det är stora luckor i Nynäshamns kommunarkiv har det inte gått att få fram vilka hon var med i. Enligt familjetraditionen var Karolina ledamot i kristidsnämnden under första världskriget. Då rådde det brist på det mesta. Potatis som var det viktigaste livsmedlet var ransonerat. För att fördelningen av potatisen skulle bli rättvis lagrades allt i stora förråd varifrån det skulle distribueras till behövande. Dessvärre blev potatisen liggande i förråden och stora delar förstördes utan att det kom till nytta. Vid en inspektion som kristidsnämnden gjorde i ett sådant förråd stack en av nämndens ledamöter in sin käpp i potatishögen varpå det pös ut gas och potatisarna sjönk ihop.

Kvinnoklubben träffades i A-salen i Folkets Hus en gång i månaden och diskuterade aktuella frågor. Mötena var formella och man tilltalade varandra med fru respektive fröken och efternamnet. Våren 1924 föreslog fru Hultberg att tilltalsordet skulle vara *du* precis som det var i ungdomsklubben. En livlig diskussion följde. Ingen var direkt emot men många trodde att det skulle vara svårt att genomföra då de flesta inte kände varandra så väl. Någon påpekade att det kunde uppstå förväxlingar som blev tråkiga att reda ut. Det gick inte att enas om något beslut så allt förblev som tidigare. Nio år senare tog Frida Almér åter upp tilltalsfrågan och nu var tiden mogen. Mötet enades om att *vi äro du allihop.*

På sommarmötena i juli lämnade man A-salen och gjorde skogs-
utflykter till något naturskönt område i närheten exempelvis
Vårdbergstorp. Kvinnorna slog sig ned i gröngräset och dukade
fram sill och potatis. Med kaffedrickning och sång umgicks man
under lättsamma former tills myggen blev alltför besvärlig och
mörkret föll.

I december varje år avslutade man månadsmötet med Luciafest. Då
dukades det långbord med vita dukar och salen dekorerades med
girlanger och levande ljus. Det serverades gröt och kaffe med
hembakat kaffebröd. Vid samkvämet bjöds också på musik-
underhållning med sång av någon medlem eller Lucia-tåg med
flickor från Unga Örnar.

Kvinnorna diskuterade och tog ställning i politiska frågor som rörde
dem och det växande Nynäshamn. De agiterade inför valen. De
ordnade fester för att samla in pengar till sin verksamhet och olika
välgörande ändamål. Det var tradition med julgransfest i januari och
basar i augusti. En del av behållningen från dessa sattes in i klubbens
sjuk- och självhjälpskassa, som var en tidig form av sjukförsäkring.
Om en medlem satte in tjugofem öre i kassan varje månad kunde
hon få bidrag på upp till tjugofem kronor per år vid sjukdom.
Avgiften höjdes 1933 till trettiofem öre per månad. Vid flera
tillfällen ordnade man spontana insamlingar bland medlemmarna för
att stödja en familj, som hade det svårt på grund av att någon
förälder var arbetslös, sjuk eller hade avlidit. Solidariteten mellan
arbetarna var stark och det var betydelsefullt när det saknades
sociala skyddsnät i samhället.

I slutet av 1910-talet oroade sig kvinnorna över att *ungdomarna alltmer
hängav sig åt missbruket av berusande surrogat.* Kvinnoklubben tillsatte
därför en kommitté som skulle kontakta organisationer och
myndigheter i samhället för att försöka *få till stånd något underhållande*

och förädlande för ungdomen. Karolina ingick i kommittén och
tillsammans med ungdomsklubben ordnade man en fest i augusti
1919 för att samla in pengar till ändamålet. Behållningen från festen
blev nästan sexhundra kronor. Hur pengarna sedan användes
framgick inte av kommitténs rapport.

Nykterhetsfrågan fortsatte att engagera både kvinno- och ungdoms-
klubben. I oktober 1921 hade man ett gemensamt möte med
nykterhetsfrågan som tema. Diskussionen inleddes med ett
anförande av fru Joachimsson som trodde att frågan nu skulle lösas
på lagstiftningens väg. Hon menade att kvinnorna helst ville se sina
hem fria från allt orent som följde med bruket av alkohol. I den
följande diskussionen tryckte flera talare på behovet av upplysning
och Karolina ville att undervisning i nykterhetssaken skulle börja
redan i skolan. Hon sa att hon var nykterhetsvän men av princip
oorganiserad. Bland ungdomarna fanns några som var tveksamma
till nyttan med ett förbud och Georg Eriksson frågade fru
Joachimsson hur hon hade tänkt sig ett sådant. Henry Ljung från
ungdomsklubben hade erfarenhet från Brunnsviks folkhögskola där
hade det visat sig att de flesta eleverna var nykterister. Han ansåg att
den som inte var nykterist var inte socialist. Hösten därpå hölls den
så kallade förbudsomröstningen och fru Joachimsson pläderade för
förbud. Men det fanns ingen enhetlig syn inom partiet och kvinno-
klubben tog inte ställning i frågan.

De nya barnavårdslagarna som infördes 1917 och 1924 diskuterades
flitigt och klubben bjöd in flera föredragshållare som föreläste om
dem. Lagarna innebar många förändringar bland annat upphävdes
det gamla barnamordsplakatet och en kvinna kunde inte längre föda
sitt barn anonymt. En barnavårdsman skulle tillsättas om modern
var ogift. Barnavårdsmannen skulle vara ett stöd för modern och se
till att faderskapet fastställdes och att fadern betalade underhåll för

barnet. Kvinnoklubben uttalade sig för att barnavårdsmannen skulle vara en kvinna.

Ett återkommande ämne var konsumtionsföreningen och den kooperativa mjölkföreningen. Klubben var andelsägare i föreningarna och det var i deras butiker som kvinnorna gjorde sina inköp. Vid konsumtionsföreningens årsmöte 1923 hade man beslutat att upphöra med kredithandel. Fru Karlström tog upp frågan i kvinnoklubben eftersom ingen från klubben hade yttrat sig på mötet och hon tyckte att det kunde vara intressant att få höra hur kvinnorna ställde sig till det. Agnes Andersson påpekade att det inte gick att ändra beslutet, men man kunde ändå diskutera saken. Hon ansåg att kredithandel inte behövdes för dem som hade arbete året om. Karolina tyckte att diskussionen var pinsam och ville att den skulle avslutas. Fru C.A. Karlsson höll med om att det var pinsamt men att det ändå var bra att säga ifrån: "Man bör inte lägga sig i andras affärer, men när det blir som en kräftskada blir det bäst att avskilja det som är till skada." Efter diskussionen beslutade klubben att uttala sitt gillande av beslutet att dra in den så kallade nothandeln. Frågan om kredithandel ventilerades åter i februari 1927.

Inför konsumtionsföreningens årsmöte 1927 diskuterade man förslaget till ändrade öppettider och enades om att det var för sent att öppna affärerna halv nio som hade föreslagits. Man ville fortsätta med klockan åtta. Sommaren det året var mjölken särskilt dålig i konsumbutikerna. Det var nästan omöjligt att hålla den frisk från ena dagen till den andra. Flera gånger var den sur redan på efter-middagen. Fru Eriksson fick i uppdrag att framföra klubbens klagomål till konsumtionsföreningens förvaltningsråd.

I mars 1928 tog Karolina upp det som hon ansåg oriktiga i att gifta kvinnor hade tillfälliga anställningar i föreningens affärer. Hon pekade på två exempel och sa att hon tyckte att det var orätt när så

75

många unga flickor gick arbetslösa. Hennes yttrande utlöste en våldsam diskussion. De flesta höll med henne. Agnes Andersson undrade hur det var om en hustru hade en sjuk man. Hon fick till svar att i så fall skulle väl ingen nekas arbete. Olivia Joachimsson som var ombud i konsumtionsföreningen ville veta hur hon skulle rösta om frågan kom upp vid föreningens årsmöte. Efter votering konstaterades att klubben ansåg att det skulle vara till de självförsörjandes förmån. Det var tydligt att man inte betraktade individen utan familjen eller hushållet som en ekonomisk enhet.

Söndagen den första mars 1925 åkte Karolina tillsammans med Elsa Eriksson till Stockholm för att representera klubben vid Hjalmar Brantings begravning. Med nyinköpt sorgflor till fanan. Totalt tvåhundrafemtio florhöljda röda fanor och standar ingick i fanborgen som ledde processionen genom Stockholm. Den blomstertäckta kistan fördes på en öppen katafalkvagn dragen av fyra hästar först från Brantings hem på Drottninggatan till Storkyrkan där Gustav V hedrade den avlidne med sin närvaro. Efter akten i Storkyrkan gick processionen med femtontusen personer vidare till Adolf Fredriks kyrkogård. Över hundratusen stockholmare och tillresta arbetare från hela landet kantade gatorna längs kortegevägen.

I början av tjugotalet föddes det ungefär sjuttio barn om året i Nynäshamn. De flesta barnen föddes i hemmet med hjälp av barnmorska, men vart femte föddes på något av de tre barnbördshusen som fanns i Stockholm. Det var Stockholms Allmänna BB och Södra BB i offentlig regi samt det privata barnbördshuset som drevs av Kungliga Sällskapet Pro Patria. Det hade varit tryggare för både modern och barnet om det hade funnits ett på närmare håll. Karolina engagerade sig tidigt för ett förlossningshem i Nynäshamn. Våren 1924 undrade hon om styrelsen hade tagit upp frågan med kommunen och fick till svar att frågan var för tidigt väckt. Året därpå uppmanade kvinnoförbundet klubbarna att verka för upprättande av förlossningshem. Frågan bordlades tills vidare. I december 1927 föranledde en ny skrivelse från förbundet att frågan åter togs upp till diskussion. Elsa Eriksson – som då var ordförande i klubben – hade kontaktat Röda Korsföreningen i Ösmo för att höra om de var intresserade av ett samarbete. Karolina föreslog att man inte skulle vänta längre utan försöka få till stånd en utredning. Fru Agrell tyckte att det var bra att tillsätta en kommitté även om hon inte trodde att behovet av ett förlossningshem var så stort. En kommitté med fru Agrell, Elsa Eriksson och Karolina tillsattes. Ett halvår senare kom åter en skrivelse från förbundet angående förlossningshem. Skrivelsen fick cirkulera bland de medlemmar som var intresserade. Det dröjde sedan till 1935 innan frågan åter kom upp. Landstinget hade beslutat att stänga epidemisjukstugan och ett alternativ var då att öppna ett förlossningshem där. Elsa Eriksson fick klubbens mandat att tala för ett förlossningshem när frågan kom upp i kommunalfullmäktige. Det blev avslag i fullmäktige eftersom det bara var sex ledamöter som röstade för. Kvinno-klubben beslutade att inte släppa frågan utan så fort tillfälle gavs ta upp den igen. Det skulle dröja ända till 1946 – nio år efter Karolinas död – innan ett förlossningshem inrättades i Nynäshamn. (Även på tjugohundratalet är förlossningsvården ett problem för Stockholms läns landsting. När Karolinas barnbarns barnbarn Klara föddes i februari 2012 visste hennes föräldrar inte vilket BB som kunde ta emot dem när det var dags för förlossning. De fick sätta sig i bilen hemma i Nacka och köra mot Stockholm i avvaktan på besked via telefon.)

I november 1928 gästade riksdagsledamoten Agda Östlund klubben. Hon höll ett mycket uppskattat föredrag om motiven i arvsskatte-frågan för en fullsatt A-sal. Den nya arvsskattelagen innebar bland annat att kusiners arvsrätt avskaffades och att den allmänna arvsfonden inrättades. Socialdemokraterna såg arvsskatten som ett medel för ekonomisk utjämning. Efter sitt föredrag stannade fru Östlund kvar under det fortsatta mötet och deltog bland annat i klubbens diskussion om ett eventuellt inköp av en radioapparat till ålderdomshemmet. Klubben hade vid ett tidigare tillfälle avsatt femtio kronor som grundplåt till ett gravtäcke. Det visade sig att Kyrkorådet tackade nej till gåvan, och därför kom frågan upp vad man skulle använda de avsatta pengarna till. Agnes Andersson föreslog att man skulle vända sig till andra organisationer i Nynäshamn och gemensamt köpa en radioapparat till ålderdoms-hemmet. Den skulle kosta ungefär tvåhundra kronor. Olivia Joachimsson tyckte att pengarna skulle lämnas orörda och yrkade avslag. Hon fick stöd av Karolina. En livlig diskussion följde och till slut kunde Agda Östlund inte låta bli att begära ordet trots att hon inte var insatt i förhållandena. Hon kom från en fattig klubb som inte hade råd att ge bort en aldrig så liten slant. Hon rådde klubben att bilda en fond för att kunna stödja fattiga klubbar och *trodde för sin del inte att de gamla skulle kunna tillgodogöra sig de olika radio-utsändningarna.* Mötet röstade och Agnes Anderssons förslag vann. Karolina reserverade sig mot beslutet. Ett halvår senare var radion installerad. Man hade samlat in drygt tvåhundra kronor och det blev ett överskott på trettio kronor. Överskottet lämnades till fattigvårds-styrelsen för att skänkas till någon behövande familj.

Vid junimötet 1931 öppnade ordföranden med att redogöra för tragedin i Ådalen. Den fjortonde maj hade militären öppnat eld mot demonstrerande arbetare. Fem personer hade dödats och flera skadads. Två av de döda var familjeförsörjare med små barn. De andra tre var unga arbetare i tjugoårsåldern. Kvinnoklubben uttalade sitt stöd för offrens efterlämnade och instämde i den protest-resolution som ungdomsdistriktet hade satt samman.

Med djupaste bestörtning inför det inträffade – en händelse utan motstycke i våra dagars Sverige – uttalar mötet en ljungande protest mot militärens cyniska

78

våldsdåd. Vi förvänta att regeringen omedelbart ingriper mot detta utslag av barbari och att alla organiserade arbetare medverka till en sådan politik, som omöjliggör liknande händelser för framtiden genom ett avskaffande av hela militärväsendet.

Från klubbens kassa skänktes tio kronor till Ådalsoffren. Under hösten fortsatte man sedan och samlade in pengar och kläder. Etthundratrettiosex kilo kläder skänktes till de drabbade och penninginsamlingen gav totalt trettioåtta kronor.

När det i december 1931 drog ihop sig till val av ledamöter i bland annat kommunalnämnden och skolstyrelsen, ansåg den social-demokratiska gruppen i kommunalnämnden att det inte förekom några specifika kvinnofrågor där och att kvinnoklubben därför inte skulle föra fram någon kandidat. Kvinnoklubben var av motsatt åsikt. De satte upp Karolina som kandidat till kommunalnämnden, Agnes Andersson till skolstyrelsen samt Elsa Eriksson till barna-vårdsnämnden. Klubbens kandidater blev valda.

Kvinnoklubben engagerade sig till stöd för nödlidande både inom och utom landet. Under det tidiga tjugotalet stödde man den insamling som *Centrala hjälpkommittén för det hungrande Ryssland* organiserade. Klubben samlade in fyrtiofem kilo kläder och trettioen kronor i bidrag till ett bespisningskök för Rysslandsbarn. I mitten av trettiotalet lämnade man bidrag till *Spaniens blödande folk*.

Senvintern 1933 var nöden stor i Norrland och Röda Korset startade en riksomfattande insamling. Nynäshamnskvinnorna bidrog med sjuttiosju kilo av de totalt fyra ton kläder som samlades in. Tackbreven som Märta Karlström läste upp vid aprilmötet beskrev familjernas tacksamhet över gåvorna samtidigt som de gav en bild av den bittra nöd som rådde däruppe.

Morgonbris – det socialdemokratiska kvinnoförbundets tidning –
lästes av alla kvinnor i klubben. I novembernumret 1935 gav
tidningen en målande beskrivning av nöden som rådde bland
stenarbetarna i Bohuslän. Karolina uppmanade alla att läsa artikeln
noga. Hon föreslog också att man skulle samla in pengar. Tio
insamlingslistor skrevs ut och cirkulerades i samhället. En månad
senare hade man samlat in drygt trehundra kronor som skickades till
de behövande och i januari fick man ett tackbrev från Lysekil.

I maj 1933 hälsades de nya medlemmarna Signe Boman och Sara
Gustavsson välkomna. För att fira att klubben nu fått sin hundrade
medlem avslutades mötet med tesamkväm.

Vintern 1933 kom frågan om ett semesterhem upp. På ett
kamratmöte som Stockholms läns kvinnodistrikt ordnade tillsattes
en kommitté för att utreda vilket intresse som fanns för ett
semesterhem för kvinnor. Karolina blev invald i kommittén och hon
beskrev planerna för sina kamrater på klubbens möte i januari. Hon
sa bland annat att någon hade föreslagit att det skulle vara för de
socialdemokratiska kvinnorna, men eftersom man sökte bidrag även
från fackföreningarna skulle det bli *Stockholms läns arbetarkvinnors
semesterhem*. Kommittén ville veta hur stort stöd klubben kunde tänka
sig att ge. Mötet beslutade att bidra med tio kronor årligen. I
november rapporterade Karolina att kommittén hade konstituerat
sig så att Anna Eriksson från Södertälje var ordförande, Karolina
kassör och Wilma Loiré från Lidingö sekreterare. Två år senare i
november 1935 kunde Karolina berätta att en förening hade bildats.
Den skulle inregistreras och sedan kunde klubbarna teckna andelar i
föreningen. Bidragen som redan hade kommit från klubbarna hade
bokförts som anslag.

I februari 1936 blev semesterhemsplanerna konkreta. Karolina
berättade att kommittén hade betalat handpenning för en fastighet i

Viggbyholm en halvtimmes resa norr om Stockholm. Hon fortsatte: "Villan ligger i skogsnatur och innehåller tre rum och kök, stor veranda, garage och tvättstuga. Den är uppförd 1931." Priset var tolv tusen kronor och då ingick även en matsalsmöbel. Till semesterhemsföreningens årsmöte som skulle hållas i februari valdes Ida Göransson som ombud för klubben. Mötet beslutade också att klubben skulle teckna fem andelar à fem kronor i föreningen. På aprilmötet rapporterade Karolina att semesterhemmet skulle öppna den första juni. Pingstdagen den 31 maj 1936 invigdes semesterhemmet. Flera kvinnor från klubben deltog i invigningen och klubben skickade ett telegram.

Hurra för vårt semesterbo.
Där vi får både lugn och ro.
Tag med dig dit ett gott humör,
så ingenting idyllen stör.

I augusti ordnade Rut Hedlund och Karolina en busstur till semesterhemmet för de som var intresserade av att se verksamheten där. Ett trettiotal kvinnor – dagen till ära uppklädda i sina finaste sommarklänningar – deltog i resan och som tack för besöket skänkte de en läslampa till hemmet.

Klubbens första gäst på semesterhemmet var Agnes Andersson. Hon var femtiofyra år gammal och hade blivit änka ett par år tidigare. Hennes man hade varit instrumentmakare. Tillsammans med sonen som var verkstadsarbetare bodde hon kvar i egnahemmet där familjen hade bott sedan de kom från Stockholm 1913, när Telegrafverkets verkstad startade i Nynäshamn. Några sommardagar 1936 tog hon semester från hushållsarbetet och åkte till Viggbyholm. På septembermötet berättade hon hur fint hon hade haft det och rekommenderade de andra att också åka dit. Karolina fick aldrig tillfälle att vistas som gäst på semesterhemmet.

Karolina deltog i många kamratträffar med andra kvinnoklubbar i Stockholms län bland annat i Sorunda, Tungelsta och Nacka. Hon reste på kurser i agitationsteknik och var engagerad i distriktets arbete. Hon var ofta hemifrån och då skickade hon vykort med små hälsningar till dottern Alice. Lilla Alice var nio år gammal när hon fick en hälsning från sin mamma, som skrev att hon skulle försöka komma hem på onsdag kväll. Kortet var poststämplat i Stockholm på tisdagen. Ett annat vykort sändes från Visby. När Alice blev äldre innehöll korten inte bara en hälsning utan även förhållningsorder. I augusti 1927 skickade Karolina ett vykort till sin då sextonåriga dotter.

Vesterhaninge fredag.
Kommer ej på lördag. Trivs bra. Allt trevligt. Var i går kväll till
Missionshuset. Hoppas allt går bra för dig. Glöm ej blommorna. Hälsa pappa
och tanterna omkring. Gå ej ut för tunnklädd. Hälsningar från mamma.

Blommorna blev väl omhändertagna av Alice. Fast den stora julkaktusen klarade sig säkert utan vattning tills Karolina kom hem igen. Till julen blommade den med röda hängande blommor, men i augusti hade den sin viloperiod. Många år senare fick den följa med Alice till Norrköping, där hon skötte om den hela sitt liv. Alice gav mig ett par sticklingar från den, och de har fortsatt att blomma varje år ända in i det nya seklet.

När Alice berättade om sin mors politiska engagemang, sa hon att hon själv aldrig hade velat engagera sig politiskt, eftersom det var så krävande och otacksamt.

Gruppfoto från Karolinas 60-årsdag den 31 augusti 1930.
Karl och Karolina sitter i karmstolarna och Alice står mellan dem.

Karolina fyller 60 år

Den 31 augusti 1930 fyllde Karolina 60 år. Då uppvaktades hon av både kvinnoklubben och sina gamla vänner från Lund. Kusken Anders Erik Jonsson och hans hustru Elin kom till kalaset tillsammans med dottern Elna och barnbarnet Ulla som var tio år. De hade med sig en bukett med krysantemum från trädgårdsmästeriet på Lund. Det var sensommar och säsong för krysantemum så Karolina uppvaktades med flera sådana buketter.

Medlemmarna i Nynäshamns Socialdemokratiska Kvinnoklubb hade samlat ihop pengar till en present som överlämnades tillsammans med en textad hyllningsadress. Den var dekorerad med en handmålad blomstergirlang och inbunden med en blå silkessnodd i ett brunt omslag. På adressen fanns tjugotre namn, men de tjugotre kvinnorna kom inte med på gruppfotot som togs ute i trädgården. Två karmstolar ställdes ut, där fick Karolina och Karl sitta medan släkten och de närmaste vännerna ställde sig vid sidan om och bakom jubilaren.

På de svartvita fotografierna som togs på födelsedagen var Karolinas hår fortfarande mörkt. Det var mörkt brunt precis som det hade varit den gången när hon klippte av det och lät en hårkulla göra ett smycke. Under 1800-talet och de första årtiondena på 1900-talet vandrade kvinnor från Våmhus i Dalarna runt i Sverige och Europa och gjorde hårarbeten. Vid något tillfälle kom Karolina i kontakt med en kulla som gjorde ett smycke av hennes hår. Hårarbetet blev elva centimeter högt och föreställde ett blommande träd med grenar, blad och fyra snäckformade blommor. När Karolina hade betalat kullan för arbetet stoppade hon hårsmycket i ett kuvert som hon lade i sitt grå bleckskrin. Där blev det sedan liggande.

Henning Selldin hjälper sin brorson Oscar iland på Herrön i
Nynäshamns skärgård i början av 1930-talet.

Oscar möter Karolina

På trettiotalet var Nynäshamn en typisk arbetarkommun med tre stora arbetsgivare. Det var hamnen, där Karl Karlsson arbetade. Det var Axel Johnsons oljeraffinaderi. Störst var Telegrafverkets verkstad som vid den tiden sysselsatte över sjuhundra arbetare. Brandförsvaret i Nynäshamn sköttes av en borgarbrandkår, och de flesta brandmännen arbetade på Telegrafverket. Brandstationen med fordon och utrustning var belägen alldeles utanför entrén till verkstaden, vilket innebar att utryckningarna kunde ske snabbt.

Henning och Signe Selldin var relativt nygifta, när de flyttade till Nynäshamn 1913 i samband med att Telegrafverket startade sin verksamhet där. År 1921 föddes sonen Rune. Henning började som telefonmontör och avancerade senare till verkmästare. Sommaren 1931 kom hans brorson Oscar till Nynäshamn för att arbeta som automatstationsmontör vid verkstaden. Oscar fick bo hos sin farbror och hans familj. Fritiden tillbringade de tillsammans på familjens sommarställe i skärgården och mycket tid ägnades åt den öppna trämotorbåten.

En dag när Oscar och Henning var ute på sjön mötte de en båt med ett rekorderligt fruntimmer ombord. Det var tydligen hon som förde befälet, för hon stod upp i båten och gav order med en ljudlig stämma. Henning pekade på henne och sa: "Den där tanten ska du akta dig för!" Oscar fick veta att det var en tant som hade mycket skinn på näsan och som kunde prata omkull de flesta. Henning kände henne inte personligen, men visste att det var kommunalpolitikern Karolina Karlsson.

Oscar lydde inte Hennings råd. När han några år senare återvände till Stockholm för att läsa vidare till ingenjör kände han Karolina bättre än de flesta. Under sin tid i Nynäshamn hade han träffat en förtjusande flicka som hette Alice och med henne följde den blivande svärmodern Karolina. "Henning hade rätt", sa Oscar långt senare. "Karolina kunde prata, men i gengäld var Karl en tystlåten man."

Karolina och Karl Karlsson 1932.

Karl Karlsson och Magnum Bonum

När Alice berättade något om sin far handlade det oftast om hans potatis. Så fin potatis som han odlade, hade hon aldrig fått någon annanstans.

Familjen Karlsson bodde i ett egnahemsområde i Nynäshamn. Karl var jordbruksarbetaren som hade omskolats till hamnarbetare. På fritiden var det fortfarande det som växte i jorden som sysselsatte honom. Förutom trädgården vid huset hade han även en kolonilott där han odlade sin potatis. Tidigt på säsongen skattade han potatisen och familjen fick färskpotatis först av alla. Att skatta potatisen innebar att han försiktigt krafsade bort jorden kring potatisplantan och tog de största knölarna, sedan skyfflade han tillbaka jorden och plantan fick fortsätta att växa till sig. Magnum Bonum – stor och god – hette sorten han hade. Det var så riktig potatis skulle smaka enligt Alice. När hon senare i livet skulle köpa sin potatis valde hon ut de största exemplaren i handlarens lår. Och de skulle helst vara av den mjöliga sorten.

Karl arbetade med händerna och det var hustrun Karolina som fick hålla brevkontakt med hans föräldrar och syskon. I storasyster Marias brev till Karolina kan man läsa hur viktig potatisskörden var hemma på Hedtorp i Mellösa. Maria skriver att hon hoppas att skörden ska bli riklig så att det räcker till vintern. Hon hoppas också att det ska bli mycket arbete med potatisskörden på Axelsberg. För då kan de hemmavarande bröderna göra dagsverken där och få lön. Innan Karl flyttade till Lunds gård i Ösmo och träffade Karolina hade han arbetat som stalldräng på Axelsberg.

Potatis fortsatte att engagera Karl livet ut. När Karolina hade dött och Alice hade gift sig och flyttat till Norrköping, blev det ganska ensamt för honom i Nynäshamn. Hans yngre broder Albin hade då tagit över föräldragården i Mellösa. Blev det alltför långsamt for Karl till Hedtorp. För Albin kunde ju alltid behöva hjälp med potatisen.

Ske Guds vilja

Våren 1937 blev Karolina sjuk. Hon fick svåra magsmärtor som inte
ville ge med sig och hyn fick en gulaktig ton. Läkaren trodde att hon
hade drabbats av gallsten och hon lades in för operation på Mörby
Lasarett; nuvarande Danderyds sjukhus. Tisdagen den 25 maj
opererades hon av doktor Strömberg. Under operationens gång
upptäckte han att det inte var gallsten. Det visade sig vara en tumör
som växt från stolgången upp mot gallgången. Den såg ut att vara
godartad, men tyvärr täppte den till gallgången så att gallan inte kom
ut i tarmkanalen utan tvingades ut i kroppen. Det var därför hyn
hade blivit gul. Det var inte mycket läkaren kunde göra mer än att sy
igen såret och erbjuda smärtlindring. På onsdagen fick Karolina
besök av sin väninna Märta som sedan berättade för Alice att
Karolina hade varit mycket klen. Alice och Karl tog tåget från
Nynäshamn till Mörby på torsdagen. Förhoppningsvis hann de i tid
för att träffa henne en sista gång innan hon insomnade lugnt och
stilla torsdagen den 27 maj i en ålder av sextiosex år och nio
månader.

När Oscar pratade med doktor Strömberg några dagar senare sa
läkaren att det inte hade funnits någon räddning. Han sa: "Ingen
mänsklig makt hade kunnat uträtta något hur tidigt hon än hade
kommit till Mörby. Kanske hade hon utan operation fått leva en
kort tid till under svårt lidande." Alice oroade sig över eventuell
smitta eller ärftlighet. Men doktor Strömberg sa till Oscar att han
kunde lugna henne med att det inte fanns något vetenskapligt belägg
för ärftlighet. Hon behövde inte heller oroa sig för någon smitta, för
den risken fanns inte. Oscar skrev till Alice och berättade vad
doktor Strömberg hade sagt.

Det sorgliga har skett. Det hade under alla förhållande ej gått att undvika. Och när det sorgliga nu måste ske så skedde det på ett lyckligt sätt. Allt enligt doktor Strömberg.

Redan dagen efter dödsfallet publicerade Nynäshamnsposten en nekrolog över Karolina. Den var skriven av signaturen Gno. Det var tidningens redaktör och ansvarige utgivare Gunnar Norberg som skrev om Karolina som enligt honom *var en synnerligen välkänd personlighet* i Nynäshamn. Han skrev berömmande om hennes politiska engagemang och framhöll särskilt hennes arbete med *Stockholms läns Arbetarkvinnors Semesterhem.* Ett arbete som tog mycket tid och kraft hennes sista år. Han beskriver henne som *en sann, rättänkande, glad och god människa* och avslutar med orden: "Må hela Nynäshamns Karolina vila i frid."

Kvinnoklubben inledde sitt juni-möte med en minnestund för Karolina. I protokollet noterades:

§1. Klubbens ordförande Ellen Lindell öppnade mötet med att hälsa de närvarande välkomna.
Därefter ägnades några saknadens ord till minne av vår avlidna kamrat Karolina Karlsson. Nitiskt och troget har hon arbetat och alltid såg hon ljust och förhoppningsfullt på tingen. Klubben har gjort en kännbar förlust och saknaden är stor, nu gäller det för oss att taga vid där hon slutat. Därefter sjöngs Internationalen och Sommarhemstrall.

På eftermiddagen lördagen den 5 juni begravdes Karolina i Nynäshamns gravkapell. Jordfästningen förrättades av kyrkoherde Mellgård och den inleddes med sång av manskören. Efter akten i kapellet fördes kistan i procession till graven, där kvinnoklubbens ordförande Ellen Lindell var först ut bland talarna. På arbetarekommunens vägnar framförde dess ordförande Sven Hedqvist *ett varmt tack för det brinnande intresse och allt det arbete som Karolina nedlagt i arbetarrörelsens och samhällets tjänst.* Elsa Eriksson och en representant från semesterhemmet tackade Karolina för hennes insatser. Slutligen lade fru rektorskan Löfberg ned en krans med tack från folkskollärarkåren för Karolinas intresse och arbete för skolan. Akten avslutades med att kvinnoklubbens standar och arbetarekommunens röda fana sänktes tre gånger till en sista hälsning och därefter sjöng manskören.

Nu vilar Karolina på kyrkogården i Nynäshamn under en sten med inskriptionen:

K. A. KARLSSONS
FAMILJEGRAV

SKE GUDS VILJA

Skrinet som Karolinas adoptivfar Carl Johan Wallin gjorde åt henne.

Epilog

Att Karolina saknar namngivna föräldrar i födelseboken ger naturligtvis upphov till funderingar och spekulationer. I födelseboken står att modern var tjugosju år gammal. Hon bör alltså ha varit född omkring 1843. Karolinas dotter Alice berättade för sin son Rolf att Karolina hade fått veta vem som var hennes biologiska mor. Karolina hade lovat att aldrig berätta det för någon. Om det är sant att hon visste det så höll hon sitt löfte så fullständigt att hon inte ens berättade det för Alice, som rimligen borde ha haft samma rätt som Karolina att få känna till sitt ursprung.

Alice slutade skolan när hon tog realexamen i Nynäshamn 1928. Vid något tillfälle berättade hon för Rolf att det hade varit meningen att någon skulle ha bekostat hennes fortsatta skolgång. "Men det blev inte så", sa hon. Rolf frågade varför någon annan skulle göra det. "Det var vanligt att man gjorde så på den tiden", svarade Alice. Efteråt har Rolf funderat på om Alice visste vem det var som skulle ha gjort det. Hon sa det aldrig och Rolf tänkte inte på att fråga. Det var säkert någon från Karolinas biologiska familj; kanske hennes mor. Den som sa sig vara villig att bekosta Alices utbildning måste ha känt till att Karolina hade fått en dotter. Kanske hade personen i fråga träffat Alice. Det troliga är att det var någon som levde när Alice föddes 1911 men som var död 1928 och därför aldrig kunde infria sitt löfte.

Jag hade hoppats att Karolina skulle ha lämnat någon ledtråd i sitt skrin. Men jag fann inget som gav svar på gåtan. Hon tog sin hemlighet med sig i graven men det hindrar inte oss från att fundera och spekulera. Kanske finner vi svaret så småningom.